개발자를 위한 머신 러닝

개발자를 위한 머신 러닝

머신 러닝 시작이 막막한 개발자를 위한 안내서

로돌포 본닌 지음

김정중 옮김

Packt> i!i 에이콘

| 추천의 글 |

많은 데이터를 만드는 것이 가능했던 지난 10년간 생겨난 몇 가지 기술들은 세상을 다시는 되돌릴 수 없을 만큼 변화시켰다. 그중에서도 머신 러닝이 두드러진 역할을 했다. 이 기술은 데이터 분석, 마이닝, 지식 발견에 적용됐고, 보이지 않지만 우리 일상생활에서 사용하는 대부분 시스템에 스며들어 실행 가능한 자율 지능을 제공하는 기기에서 필요한 주요 기능을 제공하고 있다. 기존 머신 러닝에서 사용됐던 형식들과 방법들은 온라인 비즈니스를 중심으로 하는 전자상거래, 소셜 네트워크, 인터넷 관련 서비스와 제품 및 이와 유사한 기업의 요구가 증가함에 따라 빠르게 변화했다.

머신 러닝의 획기적인 발전은 확장 가능한 계산 장치, 거대한 데이터셋을 실시간으로 분석할 수 있는 뛰어난 관리 기능과, 하둡 생태계에서 시작되고 성숙한 다른 기술 혁신 덕분이다. 이와 동시에 파이썬 프로그래밍 언어를 사용하는 사용자들의 자발적인 활동을 통해 정교한 분석 라이브러리가 발전되고 널리 확산됐다. 이를 통해 지식과 경험이 획기적으로 늘어났으며, 실제 제품에 쉽고 빠르게 적용할 수 있게 됐다.

최근에 머신 러닝에서 신경망은 주요한 역할을 한다. 70년 전에 최초로 제안된 인공지능의 한 패러다임이었던 신경망은 연구자 사이에서 버려지고 다시 발전되기를 반복했다. 이것은 복잡한 분석을 하기에 컴퓨터 파워가 부족하고, 시행착오를 거치면서 여러 구조를 조립, 훈련, 테스트하는 작업이 버거워서였을 것이다. 이렇게 제한적인 환경은 최근 몇 년 사이에 급격하게 변했다. 클라우드 컴퓨팅, GPU, 그리고 간단한 스크립트만으로 네트워크를 설정할 수 있게 하는 라이브러리가 등장했다. 오늘날에는 수억 개의 자유도가 있는 네트워크를 몇 분 만에 조립하고, 수시간 내에 훈련하고, 며칠 만에 실제 제품에 적용할 수 있다(적합한 기술을 알고 있는 경우). 이는 최근 컴퓨터 비전, 언어 이해 및 패턴 인식 분야에서 급진적인 발전이 최근에 제안된 여러 신경망에 의해 일어나고 있는 이유 중 하나다.

급격히 증가하는 지식, 기술 및 프로그래밍 라이브러리 때문에 빠르고 실제적인 애플리케이션을 배포하는 분야는 대부분의 전통적인 교재는 적합하지 않다. 하지만 이 책은 머신 러닝을 적용한 애플리케이션을 성공적으로 구현하고 이해하는 데 필요한 모든 자료를 제공하며, 빠르고 쉽게 읽을 수 있다. 이 책에서는 다음과 같은 내용을 볼 수 있다.

1. 머신 러닝 분야의 기본 원리(분류, 클러스터링, 회귀 및 데이터 축소)와 함께 해당 주제의 수학적 및 통계적 기초에 대한 빠르고 포괄적인 소개

2. 훈련 알고리즘의 기초, 수렴 기준 및 결과 평가에 대한 내용을 포함하는 학습 모델로서의 신경망에 대한 자세한 설명

3. 정교한 네트워크를 사용하는 가장 최신 네트워크(합성곱, 순환, 생성적 대립 신경망)에 대한 소개. 각 모델은 이론과 실제적인 측면에서 철저히 분석됨

4. 오픈소스 소프트웨어에 대한 종합적인 안내서로, 독자가 개념을 실제 작업에 매우 빠르게 적용할 수 있게 함

이 책은 전문 지식이 시대에 뒤떨어져 있다고 느끼는 실무자, 비즈니스 애플리케이션에 정교한 머신 러닝 기능을 사용해야 하는 개발자, 그리고 머신 러닝에 대한 폭넓고 실제적인 이해를 얻고자 하는 사람에게 강력히 추천한다. 저자는 매우 명확하고 체계적인 방식으로 해당 주제에 대한 그의 방대한 경험을 전달하고 있기에 이 책을 쉽게 따라 하고 이용할 수 있다.

클라우디오 델리우스

국립 서 대학교(Universidad Nacional del Sur) 전기 컴퓨터 공학과 전임 교수
아르헨티나 국가 연구 및 기술위원회의 펠로우
이미징 과학 연구소의 의장

| 지은이 소개 |

로돌포 본닌 Rodolfo Bonnin

시스템 엔지니어이자 아르헨티나 국립 기술 대학교Universidad Tecnológica Nacional의 박사 과정 학생이다. 독일 슈투트가르트 대학Universität Stuttgart에서 병렬 프로그래밍 및 이미지 이해를 전공했다.

2005년부터 고성능 컴퓨팅에 대한 연구를 해오고 있으며, 2008년에 CPU 및 GPU에서 동작하는 신경망 피드포워드 부분을 작성하면서 합성곱 신경망을 연구하고 구현하기 시작했다. 최근에는 신경망을 이용한 사기 패턴 탐지 분야에서 일하고 있으며, 현재 머신 러닝 기술을 사용해 신호 분류를 하고 있다.

팩트출판사의 『Building Machine Learning Projects With Tensorflow』(2016)의 저자이기도 하다.

| 기술 감수자 소개 |

도우그 오르티스[Doug Ortiz]

ByteCubed의 선임 빅데이터 설계자로서 엔터프라이즈 솔루션을 설계, 개발 및 통합해 왔다. 여러 조직이 아마존 웹서비스[Amazon Web Services], 마이크로소프트 애저[Microsoft Azure], 구글 클라우드[Google Cloud], 마이크로소프트 BI 스택, 하둡[Hadoop], 스파크[Spark], NoSQL 데이터베이스, SharePoint, 관련 도구 세트 및 기술 같은 기존 기술과 새로운 기술을 통해 활용도가 낮은 데이터를 재발견하고 재사용할 수 있게 했다.

또한 Illustris, LLC의 설립자며, dougortiz@illustris.org로 연락할 수 있다.

흥미로운 전문 분야는 다음과 같다.

- 여러 플랫폼 및 제품 통합 경험
- 빅데이터, 데이터 과학, R 및 파이썬에 대한 인증을 보유
- 조직이 현재 갖고 있는 데이터 및 기존 자원에 투자하는 것에 대해 더 깊은 이해와 가치를 갖게 해서 유용한 정보 소스로 활용할 수 있게 지원
- 독창적이고 혁신적인 기술을 활용해 프로젝트를 개선, 구조 및 설계
- 아마존 웹 서비스, 데이터 과학, 머신 러닝, R 및 클라우드 기술에 대한 주제를 정기적으로 검토

취미는 요가와 스쿠버 다이빙이다.

나의 멋진 아내 밀라의 도움과 지원뿐만 아니라 마리아, 니콜라이, 그리고 멋진 아이들에게 감사드린다.

마흐무들 하산^{Mahmudul Hasan}

현재 영국 앵글리아 러스킨 대학^{Anglia Ruskin University}의 앵글리아 러시킨 IT 연구소^{ARITI}의 박사 연구원이다. 다포들 국제 대학교^{Daffodil International University} CSE 학과에서 수석 강사로 일했다. 영국 에식스 대학교^{University of Essex}를 졸업했고, 다양한 플랫폼에서 게임 및 모바일 앱 개발이 전문 분야다.

크고 작은 소프트웨어의 상업화를 위한 개발을 포함해 ICT 업계에서 6년 이상의 경력이 있다. 현재 방글라데시 국제 게임 개발자 협회^{IGDA, International Game Developers Association}의 국가 이사 및 위원장으로 일하고 있다.

관심 연구 분야는 머신 러닝, 데이터 과학, 의사 결정 지원 시스템 및 게임과 게임화를 통한 맞춤형 학습을 포함한다. 저널 및 학회에서 탁월한 여러 논문을 발표했다.

| 옮긴이 소개 |

김정중(rightcore@gmail.com)

인공지능, 로봇, 컴퓨터 비전 분야에 관심이 많고, 관련 프로젝트 및 연구를 진행했으며, 학습에 기반을 둔 로봇의 동작 계획/생성으로 박사 학위를 받았다.

현재는 인공지능을 활용해 복잡한 환경에서 여러 작업을 하는 기계 시스템/로봇을 만들기 위한 연구를 진행 중이다.

알파고 쇼크 이후에 많은 사람이 인공지능에 관심을 갖게 됐다. 인공지능이 갑작스럽게 나온 기술인 것 같지만 오래전부터 지속적으로 연구가 진행됐던 분야다. 이 기술과 많은 데이터, 값싸고 성능 좋은 연산장치의 등장이 접목돼 알파고, 사람보다 사람 인식을 잘하는 서비스, 자율자동차 등과 같은 파격적인 결과물들이 등장하고 있다. 이 결과의 바탕에는 많은 데이터를 통해 시스템에 지능을 부여하는 머신 러닝이 있다. 우리가 인지하지는 못하지만 이 머신 러닝 기술은 오래전부터 온라인 스토어, SNS, 금융 분야 등에서 사용되고 있으며, 그 적용처가 점차 확대되고 있다.

이 책은 머신 러닝을 적용하고자 하는 실무자, 개발자, 혹은 머신 러닝에 관심 있는 사람을 위한 책이다. 머신 러닝은 선형 대수, 확률, 통계, 최적화 등에 기반을 학문이며, 이 분야에서 사용 중인 용어 및 관련 내용은 머신 러닝을 시작하기 위한 장애물이 되고 있다. 이 책에서는 실제로 머신 러닝을 적용하기 위해 필요한 배경지식을 최소한의 수식과 간단한 파이썬 코드를 통해 체계적으로 머신 러닝부터 딥러닝까지 설명한다. 이 책에서 소개하는 내용을 바탕으로 머신 러닝과 딥러닝에 관련된 서비스 및 라이브러리를 더욱 잘 활용할 수 있을 것이다.

아무쪼록 이 책이 머신 러닝 기법을 자신만의 프로젝트에 적용하고자 하는 독자들에게 도움이 됐으면 한다.

| 차례 |

추천의 글 5

지은이 소개 7

기술 감수자 소개 8

옮긴이 소개 10

옮긴이의 말 11

들어가며 21

1장 소개: 머신 러닝 및 통계 과학   **29**

큰 그림에서의 머신 러닝 31

머신 러닝의 유형 33

지도 정도 34

지도 학습 전략: 회귀 대 분류 35

비지도 문제 풀기: 클러스터링 36

사용하는 도구: 프로그래밍 언어 및 라이브러리 36

파이썬 언어 37

NumPy 라이브러리 37

Matplotlib 라이브러리 38

Matplotlib이란? 38

Pandas 39

SciPy 39

주피터 노트북 39

기본적인 수학 개념 41

통계: 불확실성을 모델링하는 기본 방법 41

기술 통계학: 주요 연산 41

평균 41

　　　　분산 43

　　　　표준 편차 45

　　확률 및 확률 변수 45

　　　사건 45

　　　　확률 45

　　　　확률 변수 및 분포 46

　　　유용한 확률 분포 46

　　　　베르누이 분포 46

　　　　균일 분포 48

　　　　정규 분포 49

　　　　로지스틱 분포 50

　　확률 함수에 대한 통계적 측정 기준 52

　　　비대칭도 52

　　　첨도 53

　　미적분 요소 54

　　사전 지식 54

　　　변화에 대한 확인: 미분 54

　　　　경사에서 슬라이딩 55

　　　연쇄 법칙 59

　　　　편미분 59

요약 60

2장 학습 과정   **61**

문제 이해 62

데이터셋 정의 및 획득 64

　ETL 프로세스 64

　SciPy 및 pandas를 사용한 데이터셋 로드 및 탐색 분석 65

　IPython과 대화식으로 작업 66

　2D 데이터 작업 69

피처 엔지니어링 72

　　누락된 데이터 다루기 ·· 72

　　원핫 인코딩 ·· 73

데이터셋 전처리 ··· 74

　정규화 및 피처 크기 조정 ·· 75

　　정규화 또는 표준화 ··· 75

모델 정의 ··· 77

　올바른 질문하기 ··· 77

손실 함수 정의 ·· 78

모델 피팅 및 평가 ··· 79

　데이터셋 분할 ·· 79

　　일반적인 훈련 용어: 반복, 일괄 처리 및 세대 ······································· 79

　　훈련 유형: 온라인 및 배치 처리 ··· 80

　　파라미터 초기화 ·· 80

모델 구현 및 결과 해석 ··· 81

　회귀 메트릭 ·· 82

　　평균 절대 오차 ··· 82

　　중앙값 절대 오차 ··· 82

　　평균 제곱 오차 ··· 82

　분류 메트릭 ·· 83

　　정확도 ·· 83

　　정밀도 점수, 재현율 및 F-측정 ··· 84

　　혼동 행렬 ··· 84

　클러스터링 품질 측정 ·· 86

　　실루엣 계수 ·· 87

　　동질성, 완전성 및 V- 측정값 ··· 87

요약 ··· 88

참고 자료 ··· 88

3장 클러스터링   **31**

사람처럼 그룹화 92

클러스터링 과정 자동화 92

공통 중심점 찾기: K-평균 93

    K-평균의 장단점 97

    K-평균 알고리즘 분해 98

    K-평균 구현 100

최근접 이웃 105

    K-NN의 역학 105

        K-NN의 장단점 108

K-NN 샘플 구현 108

    기초를 넘어서 112

        엘보우 기법 112

요약 113

참고 자료 114

4장 선형 및 로지스틱 회귀   **115**

회귀 분석 116

    회귀의 응용 116

        정량적 변수와 정성적 변수 117

선형 회귀 118

    비용 함수 설정 119

        오차를 최소화하는 여러 방법 120

    분석적 접근법 121

        분석적 접근법의 장단점 121

    공분산/상관관계 122

        공분산 122

        상관관계 123

    공분산 및 상관관계로 기울기 및 절편 탐색 125

    그래디언트 디센트 127

직관적인 배경 127

그래디언트 디센트 루프 128

개념을 수식화 130

반복을 과정으로 표현 132

실전: 새로운 방법을 위한 새로운 도구 133

변수 탐색을 위한 유용한 다이어그램: pairplot 134

상관관계 플롯 135

실전 데이터 탐색 및 선형 회귀 136

아이리스 데이터셋 137

Seaborn pairplot으로 직관적인 아이디어 얻기 139

예측 함수 만들기 141

오차 함수 정의 142

상관관계 피팅 142

다항식 회귀와 과소적합과 과적합 143

실제 그래디언트 디센트를 포함하는 선형 회귀 145

로지스틱 회귀 157

선형 회귀 및 로지스틱 회귀의 문제 영역 157

로지스틱 함수의 이전 형태: 로짓 함수 159

연결 함수 159

로짓 함수 159

로짓 함수 속성 160

로짓 역함수의 중요성 160

시그모이드 또는 로지스틱 함수 161

로지스틱 함수의 속성 163

멀티클래스 애플리케이션: softmax 회귀 163

실제 사례: 로지스틱 회귀 분석을 통한 심장 질환 모델링 164

CHDAGE 데이터셋 165

데이터셋 형식 165

요약 169

참고 자료 169

5장 신경망   **171**

신경 모델의 역사 ·· 172

   퍼셉트론 모델 ·· 173

   예측 값 개선: ADALINE 알고리즘 ·············· 175

   퍼셉트론과 ADALINE의 유사점과 차이점 ······ 177

      초기 모델의 한계 ·································· 178

   단층 및 다층 퍼셉트론 ···························· 179

      MLP 탄생 ··· 180

      피드포워드 메커니즘 ···························· 181

      선택된 최적화 알고리즘: 역전파 ············ 181

         다룰 문제의 유형 ······························ 184

단층 퍼셉트론으로 간단한 함수 구현 ················ 185

   전달 함수 유형 정의 및 그래프화 ············ 185

   전달 함수 표현 및 이해 ···························· 186

   시그모이드 또는 로지스틱 함수 ················ 187

   시그모이드 다루기 ································ 188

   정류된 선형 유닛 ································ 190

   선형 전달 함수 ····································· 191

   신경망을 위한 손실 함수 정의 ················ 192

      L1과 L2의 속성 비교 ·························· 192

요약 ·· 200

참고 자료 ·· 201

6장 합성곱 신경망   **203**

합성곱 신경망의 기원 ···································· 204

   합성곱 시작 ·· 205

      연속 합성곱 ······································· 206

      이산 합성곱 ······································· 207

   커널과 합성곱 ·· 208

      스트라이드와 패딩 ······························ 209

2D 이산 합성곱 연산 예 구현 210

서브 샘플링 연산(풀링) 214

드롭아웃 작업으로 효율성 향상 216

    드롭아웃 계층의 장점 217

심층 신경망 218

  시간에 따른 심층 합성곱 네트워크 구조 218

    Lenet 5 218

    알렉스넷 219

    VGG 모델 220

    구글넷 및 인셉션 모델 220

      배치 정규화된 인셉션 V2과 V3 221

    잔차 네트워크(ResNet) 223

  CNN의 심층 계층에 의해 해결되는 유형의 문제 224

    분류 224

    검출 224

    분할 225

Keras를 사용한 심층 신경망 배포 226

Quiver로 합성곱 모델 탐색 228

  Quiver로 합성곱 네트워크 탐색 228

  전이 학습 구현 232

요약 238

참고 자료 239

7장   순환 신경망   241

순서가 있는 문제 풀기: RNNs 241

  RNN 정의 242

    모델링할 시퀀스의 형태 242

  RNN의 탄생 243

    훈련 방법: 시간에 따른 역전파 244

전통적인 RNNs의 주요 문제: 폭발적으로 증가하거나 사라지는

그래디언트 값 245

LSTM 246

게이트 및 곱 연산 246

파트 1: 잊어버릴 값 설정(입력 게이트) 248

파트 2: 유지할 값 설정 249

파트 3: 셀에 변경 사항 적용 249

파트 4: 필터링된 셀 상태 출력 250

에너지 소비 데이터를 이용한 단변량 시계열 예측 251

데이터셋 설명 및 불러오기 252

데이터셋 사전 처리 253

요약 258

참고 자료 259

8장　최근 모델 및 개발 현황　261

GAN 262

GAN 적용 사례 263

판별 및 생성 모델 265

강화 학습 267

마르코프 결정 과정 267

의사 결정 요소 268

마르코프 과정 최적화 269

기본 RL 기술: Q-러닝 270

요약 272

참고 자료 272

리눅스에 설치 276

    초기 배포판 요구 사항 276

    리눅스에 아나콘다 설치 277

    pip 리눅스 설치 방법 283

    파이썬 3 인터프리터 설치 283

    pip 설치 283

    필수 라이브러리 설치 284

맥OS X 환경에 설치 284

    아나콘다 설치 285

    pip 설치 289

        pip를 이용한 나머지 라이브러리 설치 290

윈도우에 설치 290

    아나콘다 윈도우 설치 291

요약 296

찾아보기 299

| 들어가며 |

머신 러닝은 현재 인기 있는 분야 중 하나다. 중요한 기술로 언론의 찬사를 받으면서 최근에 데이터와 자동화로 동작하는 모든 곳에서 중요하게 투자해야 할 기술의 한 분야다. 그리고 머신 러닝은 이미지 이해, 로봇 공학, 검색 엔진, 자율 자동차 등과 같은 많은 분야에서 광범위하게 사용되고 있으며, 응용 분야가 계속 증가하고 있다. 이 책에서는 복잡한 수학적인 지식을 제외하고 코드와 다이어그램을 통해 머신 러닝의 기본 개념과 현재 기술을 다룬다.

기본적인 머신 러닝 개념, 종류 및 문제 유형에 대해 알아보면서 시작한다. 이후 기술을 이해하는 데 필요한 기본적인 수학 개념도 설명한다. 장들을 진행하면서 복잡도와 정교함이 증가하는 모델들에 대해 설명한다. 선형 회귀를 시작으로 로지스틱 회귀, 신경망 및 CNN, RNN 같은 첨단 머신 러닝 기술을 다루며, GAN과 강화 학습 같은 진보된 머신 러닝 기술을 소개하며 마무리한다.

이 책은 최종적으로 머신 러닝이 무엇인지 파악하고 기본적인 수학적 정의와 함께 알고리즘 관점에서 주요 기본 개념을 이해하고자 하는 개발자를 대상으로 한다. 이 책은 쉽게 인터페이스가 가능한 파이썬을 이용해 개념들을 구현한다. 파이썬은 코드를 통해 학습하기 위한 최고의 도구다. 따라서 파이썬 프로그래밍에 대해 익숙해지면 코드로 여러 가지를 할 수 있다. 다른 언어에 대한 경험이 있다면 어렵지는 않을 것이다.

자신의 머신 러닝 문제를 해결하는 데 필요한 알고리즘을 어떻게 정하는지, 최상의 결과를 얻기 위해 이 알고리즘이 어떻게 작동하는지에 대한 내용을 배운다. 머신 러닝을 빠르게 개발자가 익숙한 언어를 통해 배우고자 하고, 이 분야에 뛰어들기 위한 충분한 정보를 갖고자 한다면 이 책을 반드시 봐야 한다!

▌ 이 책의 구성

1장, 소개: 머신 러닝 및 통계 과학에서는 머신 러닝의 입문에 필요한 다양한 개념을 다룬다. 역사, 종류 및 해당 분야의 일반적인 개념에 대해 알아본다. 또한 이후에 개발되는 대부분의 기술을 이해하는 데 필요한 기본 수학적 개념을 소개한다.

2장, 학습 과정에서는 머신 러닝 작업 과정에 있는 모든 단계를 다루며, 각 단계에서 사용되는 유용한 도구와 개념의 정의를 보여준다.

3장, 클러스터링에서는 비지도 학습, 특히 K-평균과 K-NN 클러스터링을 위한 몇 가지 기술을 다룬다.

4장, 선형 및 로지스틱 회귀에서는 이름은 비슷하지만 상당히 다른 두 가지 지도 학습 알고리즘을 다룬다. 이 두 알고리즘은 선형 회귀(시계열 예측을 수행)와 로지스틱 회귀(분류 목적으로 사용)다.

5장, 신경망에서는 최신 머신 러닝 애플리케이션의 기본 구성 요소 중 하나인 신경망을 다루며, 단계적으로 실제 신경망을 구축하면서 마무리한다.

6장, 합성곱 신경망에서는 신경망의 강력한 변형된 형태인 CNN을 다룬다. 실제 적용 예에서는 VGG16이라고 잘 알려진 CNN 구조의 내부를 실제적으로 둘러보는 것으로 마무리한다.

7장, 순환 신경망에서는 RNN 개념의 개요를 다루고 가장 많이 사용되는 구조인 LSTM의 각 단계에 대해 다룬다. 마지막으로 시계열 예측에 대한 실제 예를 소개한다.

8장, 최근 모델 및 개발 현황에서는 이 분야에서 큰 관심을 받고 있는 두 가지 기법, 즉 생성적 대립 신경망과 강화 학습의 전반적인 분야에 대해 다룬다.

9장, 소프트웨어 설치 및 설정에서는 리눅스, 맥OS 및 윈도우의 세 가지 운영체제에서 머신 러닝을 구현하는 데 필요한 소프트웨어 패키지의 설치 방법을 설명한다.

▌ 준비 사항

이 책은 머신 러닝의 개념에 초점을 맞추고 있으며, 파이썬 언어(버전 3)를 계산 도구로 사용한다. 통합 문서를 편집하고 여러 가지 시도를 해볼 수 있는 파이썬 3과 주피터 노트북을 사용해 개념을 이해한다. 실제 애플리케이션을 만들기 위한 최선의 방법으로 다양한 파이썬 라이브러리를 활용하는 방법에 중점을 둔다. 이걸 염두에 두고 모든 코드를 가능한 한 친절하고 읽기 쉽게 유지하려고 노력했다. 독자는 이 코드를 쉽게 이해하고 다른 시나리오에서 쉽게 사용할 수 있을 것이다.

▌ 이 책의 대상 독자

이 책은 프로그래밍을 통해 머신 러닝 개념의 기초를 이해하고자 하는 개발자/기술에 관심이 많은 사람을 대상으로 한다. 이 책은 스크립팅 언어에 대한 경험이 있는 사람에 적합하고, 파이썬에 익숙하면 코드를 이해하는 데 더욱 유용할 것이다. 또한 현재 데이터 과학자들의 경우에는 새롭고 실질적인 접근법을 통해 기본 개념부터 이해하는 데 유용할 것이다.

▌ 편집 규약

이 책에서는 독자의 이해를 돕고자 다루는 정보에 따라 글꼴 스타일을 다르게 적용했다. 이러한 스타일의 예제와 의미는 다음과 같다.

텍스트에서 코드 단어와 데이터베이스 테이블 이름, 폴더 이름, 파일 이름, 파일 확장자, 경로, 더미 URL, 사용자 입력, 트위터 핸들은 다음과 같이 표시한다.

"np를 사용해 베르누이 분포 사건을 생성하고 이 분포의 경향을 그래프로 표현해 보자."

코드 블록은 다음과 같이 표시한다.

```python
def mean(sampleset): #평균 함수 정의
    total = 0
    for element in sampleset:
        total = total + element
    return total/len(sampleset)
```

새로운 용어와 중요한 단어는 고딕체로 표시한다. 예를 들어 메뉴나 대화상자에서 화면에 표시되는 단어는 다음과 같이 표시한다.

"새 모듈을 다운로드하려면 파일 > 설정 > 프로젝트 이름 > 프로젝트 인터프리터로 이동한다."

 경고나 중요한 내용은 이와 같이 나타낸다.

 팁이나 요령은 이와 같이 나타낸다.

▌독자 의견

독자로부터의 피드백은 항상 환영한다. 이 책에 대해 무엇이 좋았는지 또는 좋지 않았는지 소감을 알려주길 바란다. 독자 피드백은 앞으로 더 좋은 책을 발행하는 데 매우 중요하다.

일반적인 피드백을 우리에게 보낼 때는 간단하게 feedback@packtpub.com으로 이메일을 보내면 되고, 메시지의 제목에 책 이름을 적으면 된다.

여러분이 전문 지식을 가진 주제가 있고, 책을 내거나 책을 만드는 데 기여하고 싶다면 www.packtpub.com/authors에서 저자 가이드를 참고하길 바란다.

▌ 고객 지원

팩트출판사의 구매자가 된 독자에게 도움이 되는 몇 가지를 제공하고자 한다.

예제 코드 다운로드

이 책에 사용된 예제 코드는 http://www.packtpub.com의 계정을 통해 다운로드할 수 있다. 다른 곳에서 구매한 경우에는 http://www.packtpub.com/support를 방문해 등록하면 파일을 이메일로 직접 받을 수 있다.

코드를 다운로드하려면 다음과 같이 한다.

1. 팩트출판사 웹사이트(http://www.packtpub.com)에서 이메일 주소와 암호를 이용해 로그인하거나 계정을 등록한다.
2. 맨 위에 있는 SUPPORT 탭으로 마우스 포인터를 이동한다.
3. Code Downloads & Errata 항목을 클릭한다.
4. Search 입력란에 책 이름을 입력한다.
5. 코드 파일을 다운로드하려는 책을 선택한다.
6. 드롭다운 메뉴에서 이 책을 구매한 위치를 선택한다.
7. Code Download 항목을 클릭한다.

파일을 다운로드한 후에는 다음과 같은 압축 프로그램의 최신 버전을 이용해 파일의 압축을 해제한다.

- **윈도우** WinRAR, 7-Zip
- **맥** Zipeg, iZip, UnRarX
- **리눅스** 7-Zip, PeaZip

코드는 깃허브 https://github.com/PacktPublishing/Machine-Learning-for-Developers 에서도 다운로드할 수 있다.

다음 주소에서 팩트출판사의 다른 책과 동영상 강좌의 코드도 다운로드할 수 있다.

https://github.com/PacktPublishing/

또한 에이콘출판사의 도서정보 페이지인 http://www.acornpub.co.kr/book/ml-developers에서도 예제 코드를 다운로드할 수 있다.

정오표

내용을 정확하게 전달하기 위해 최선을 다했지만, 실수가 있을 수 있다. 팩트출판사의 도서에서 문장이든 코드든 간에 문제를 발견해서 알려준다면 매우 감사하게 생각할 것이다. 그런 참여를 통해 그 밖의 독자에게 도움을 주고, 다음 버전의 도서를 더 완성도 높게 만들 수 있다. 오탈자를 발견한다면 http://www.packtpub.com/submiterrata 를 방문해 책을 선택하고, 구체적인 내용을 입력해주길 바란다. 보내준 오류 내용이 확인되면 웹사이트에 그 내용이 올라가거나 해당 서적의 정오표 부분에 그 내용이 추가될 것이다. http://www.packtpub.com/support에서 해당 도서명을 선택하면 기존 정오표를 확인할 수 있다.

한국어판은 에이콘출판사의 도서정보 페이지 http://www.acornpub.co.kr/book/ml-developers에서 찾아볼 수 있다.

저작권 침해

인터넷에서의 저작권 침해는 모든 매체에서 벌어지고 있는 심각한 문제다. 팩트출판사에서는 저작권과 사용권 문제를 매우 심각하게 인식한다. 어떤 형태로든 팩트출판사 서적의 불법 복제물을 인터넷에서 발견한다면 적절한 조치를 취할 수 있도록 해당 주소나 사이트명을 알려주길 부탁한다.

의심되는 불법 복제물의 링크는 copyright@packtpub.com으로 보내주길 바란다. 저자와 더 좋은 책을 위한 팩트출판사의 노력을 배려하는 마음에 깊은 감사의 뜻을 전한다.

질문

이 책과 관련해 질문이 있다면 questions@packtpub.com으로 문의하길 바란다. 최선을 다해 질문에 답하겠다. 한국어판에 관한 질문은 이 책의 옮긴이나 에이콘출판사 편집 팀(editor@acornpub.co.kr)으로 문의해주길 바란다.

소개:
머신 러닝 및 통계 과학

최근 몇 년 동안 머신 러닝은 가장 중요한 기술 분야 중 하나다. 매일 새로운 적용 사례와 모델이 등장하고 있으며, 전 세계의 연구자들은 인상적인 품질 결과를 발표하고 있다.

많은 실무자가 매일 같이 입문 교육을 수강하고 검색해 애플리케이션 프로그램을 향상시킬 수 있는 신규 기술을 찾아본다. 그러나 대부분의 경우 머신 러닝 관련 자료에서 사용되는 용어들은 수학적 개념을 사전에 알아야 한다. 따라서 일반적으로 우수한 알고리즘 기술을 갖고 있지만 수학적 개념이 익숙하지 않은 프로그래머들에게는 높은 장벽이 될 수 있다.

1장에서는 이 분야에 대해 일반적인 소개를 하며, 머신 러닝의 주요 연구 영역을 다룬다. 또한 기본 통계, 확률 및 미적분에 대한 개요를 소개하고, 수식 및 파라미터로 실험해볼 수 있는 소스코드 예제도 제공한다.

1장에서는 다루는 내용은 다음과 같다.

- 머신 러닝이란?
- 머신 러닝 분야
- 통계 및 확률의 요소
- 미적분의 요소

우리를 둘러싼 세계는 엄청난 양의 데이터를 생산해낸다. 기본적으로 주변에 있는 텍스트, 이미지, 사운드 및 기타 정보를 지속적으로 획득하고 학습한다. 데이터를 사용 할 수 있는가를 확인하는 것은 작업을 수행하기 위한 기술을 획득하는 과정의 첫 번째 단계다.

전 세계적으로 수많은 컴퓨팅 장치가 이미지나 비디오, 텍스트 형태로 엄청난 양의 정보를 수집하고 저장한다. 따라서 학습을 위한 가공 전 **자료**[raw material]가 매우 풍부하고, 컴퓨터가 처리할 수 있는 형태로 돼 있다.

이 부분이 이 책에서 다루는 분야가 등장하는 시점이다. 컴퓨터에 직접 프로그래밍을 하지 않고 데이터로 학습할 수 있는 기술과 방법에 대한 연구를 살펴보자.

톰 미첼[Tom Mitchell]이 내린 머신 러닝에 대한 좀 더 공식적인 정의는 다음과 같다.

> 성능 측정 P에 의해 측정된 작업 T의 성능이 경험 E로 향상된다면 컴퓨터 프로그램은 어떤 종류의 작업 T와 관련한 경험 E로부터 학습한다고 한다.

이 정의는 완벽하며, 머신 러닝 프로젝트에서 역할을 하는 모든 요소, 즉 수행하는 작업, 계속되는 실험, 그리고 명확하고 적절한 성능 측정 기준이 필요하다. 쉽게 말하면 경험과 특정 기준을 바탕으로 작업 수행 방법을 향상시킨다.

▌ 큰 그림에서의 머신 러닝

머신 러닝 분야는 분리된 영역이 아니다. 머신 러닝은 **인공 지능**^{AI, Artificial Intelligence}이라는 더 넓은 분야 안에 존재한다. 짐작할 수 있듯이 머신 러닝은 갑자기 등장하지 않았다. 머신 러닝 이전에 관련 분야가 있었으며, 4가지 단계로 복잡성이 증가하며 변하고 있다. 머신 러닝의 명확한 변화를 보여주는 4가지 단계는 다음과 같다.

1. 머신 러닝의 첫 번째 모델은 규칙 기반 결정 방법과 간단한 데이터 기반 알고리즘을 포함한다. 데이터 기반 알고리즘은 가능한 모든 결과와 결정 규칙을 사전에 포함한다. 이는 가능한 모든 경우에 대해 해당 분야의 전문가가 사전에 하드 코딩해야 한다는 것을 의미한다. 이 구조는 1950년에 최초로 프로그래밍 언어가 등장한 이래로 대부분의 애플리케이션 프로그램에서 구현됐다. 이러한 종류의 알고리즘으로 처리되는 주요 데이터 형식 및 함수는 불리언 형태를 가지며, '예' 또는 '아니오'라는 답 중 하나만을 낸다.

2. 통계적 추론의 두 번째 발전 단계에서는 사전에 설정한 선택들뿐만 아니라, 데이터의 확률적 특성에 대해 다루기 시작했다. 데이터의 확률적 특성은 실세계 문제의 불분명한 특성을 좀 더 잘 반영한다. 실세계 문제들은 비정상적인 값이 자주 발생하기 때문에 고정된 질문을 하는 것보다 데이터의 비결정적인 경향을 잘 반영하는 것이 중요하다. 이 접근 방법을 통해 기존 접근 방법에 **베이지안 확률 이론**^{Bayesian probability theory}을 사용하는 수학적 도구 요소를 추가한다. 이 범주에 속하는 방법들에는 일반적으로 선형 또는 다항식으로 곡선을 피팅하는 것을 포함하며, 공통적으로 숫자 데이터로 작업한다.

3. 머신 러닝 단계는 이 책에서 다룰 분야이며, 이전 단계에서의 간단한 베이지안 요소보다 더 복잡한 작업들을 다룬다. 머신 러닝 알고리즘의 가장 뛰어난 특징은 알고리즘이 데이터로부터 모델을 일반화할 수 있고, 이 모델 자체가 **피처 선택기**^{feature selectors}를 생성할 수 있다는 점이다. 모델은 학습 과정이 진행됨에 따라 생성되고 정의되기 때문에 고정된 목표 함수에 의해 제한되지

않고 자체적인 피처 선택기를 생성할 수 있다. 이러한 모델의 또 다른 차이점은 다양한 종류의 데이터 유형을 입력으로 사용할 수 있다는 것이다. 입력에는 벡터로 쉽게 표현될 수 있는 음성, 이미지, 비디오, 텍스트 및 기타 데이터가 있다.

4. AI는 추상화 능력 범위에서 마지막 단계에 위치한다. AI는 어떤 면에서는 이전의 모든 알고리즘 종류를 포함하지만, 한 가지 중요한 차이점이 있다. AI는 학습된 지식을 통해 훈련 동안 한 번도 고려되지 않았던 문제를 해결할 수 있다. 이 알고리즘이 동작하는 데이터 유형은 머신 러닝이 다룰 수 있는 데이터 유형보다 훨씬 일반적이다. 또한 정의에 따르면 모델을 완전히 다시 훈련하지 않고도 한 가지 데이터 유형에서 또 다른 데이터 유형으로 문제 해결 능력을 전환할 수 있어야 한다. 이와 같은 방법을 통해 흑백 이미지에서 물체 감지를 위한 알고리즘을 개발할 수 있었으며, 이 모델은 컬러 이미지에 적용시키기 위해서 지식을 추상화할 수 있었다.

다음 다이어그램에서는 실제 AI 애플리케이션을 개발하는 4가지의 단계를 보여준다.

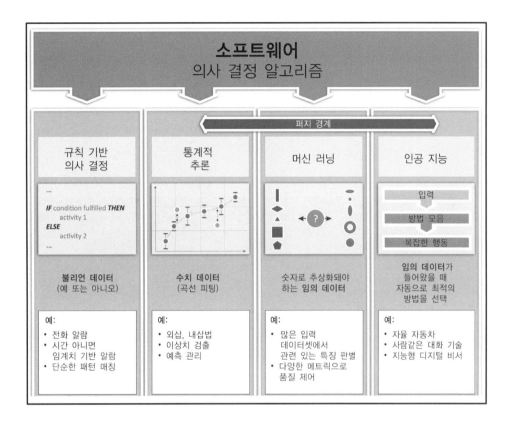

머신 러닝의 유형

구현자의 관점에서 기존 지식에서부터 시작해 여러 유형의 머신 러닝 프로젝트를 분석해보자. 프로젝트 유형은 다음과 같다.

* **지도 학습**Supervised learning: 이와 같은 학습은 모델이 출력해야 하는 값과 실제 데이터 샘플 세트가 제공된다. 통계적 측면에서 보자면 훈련 셋의 실험 결과 값을 갖게 된다.

* **비지도 학습**Unsupervised learning: 이와 같은 학습은 문제 영역에서의 샘플 데이터만 주어지고, 유사한 데이터를 그룹화하고 범주를 할당하는 작업을 하는 데 있어 추론할 수 있는 이전 정보가 없다.

- **강화 학습**^{Reinforcement learning}: 이와 같은 학습은 레이블링된 샘플 세트가 필요하지 않으며, 구성 요소가 앞의 방법과는 다르다. 이 요소들은 에이전트, 환경을 포함하며, 최적의 정책이나 단계 집합을 학습한다. 이때 보상이나 페널티(매 시도의 결과)를 사용해 목적을 향해 최대화한다.

다음 다이어그램을 살펴보자.

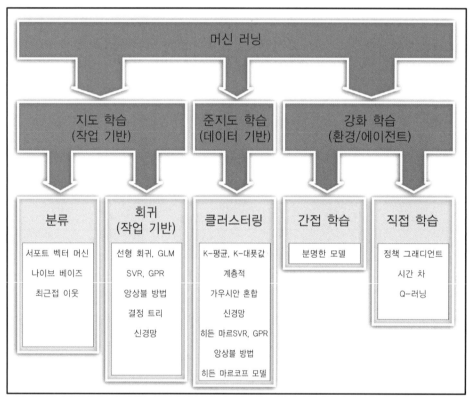

머신 러닝의 주 영역

지도 정도

지도 정도에 따라 학습 과정이 조금씩 달라진다.

34

- 비지도 학습에서는 클래스 또는 샘플 값에 대한 사전 지식이 없으며, 자동으로 추론해야 한다.
- 반지도 학습은 알려진 샘플의 씨드seed가 필요하며 이 모델은 씨드 값으로부터 나머지 샘플 클래스나 값을 추론한다.
- **지도 학습:** 이 학습은 보통 세 가지 데이터셋을 포함하는데, 먼저 훈련 세트training set라고 불리는 알고 있는 샘플을 포함한다. 또한 모델의 일반화를 확인하는 데 사용되는 또 다른 세트와 테스트 세트test set라 불리는 세 번째 세트를 포함한다. 이 테스트 세트는 훈련 세트와는 다른 값을 갖고 있어 독립적으로 테스트하는 것을 보장한다.

다음 다이어그램은 앞에서 언급한 접근법들을 보여준다.

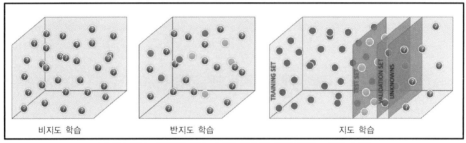

비지도 학습, 반지도 학습, 지도 학습의 훈련 기법 그래픽 표현

지도 학습 전략: 회귀 대 분류

이와 같은 종류의 학습은 다음과 같은 두 가지 문제를 해결한다.

- **회귀 문제:** 문제 영역에 있는 샘플을 입력으로 받고, 모델을 학습한 후에는 실제 정답과 출력 값을 비교해 에러를 최소화한다. 그래서 알려지지 않은 새로운 샘플이 주어졌을 때에도 올바른 정답을 예측할 수 있다.
- **분류 문제:** 문제 영역에 있는 샘플을 사용하며, 레이블이나 그룹을 답을 모르는 새로운 샘플에 할당한다.

비지도 문제 풀기: 클러스터링

대부분의 비지도 문제를 푸는 것은 클래스에 대한 사전 정보가 없으므로 관찰한 항목들의 공통된 피처 값이나 유사성을 확인해 그룹화하는 작업을 한다. 이 기법을 클러스터링이라 한다.

이와 같은 문제 유형 외에도 2가지가 혼합된 문제인 반지도 문제가 있다. 이 문제는 레이블된 요소를 훈련할 수 있으며, 레이블되지 않은 데이터에 정보를 할당할 수 있게 추론한다. 모르는 항목에 데이터를 할당하기 위해서 평활도^{smoothness}, 클러스터, 매니폴드^{manifold} 기준을 사용한다. 평활도는 서로 가까운 점들을 같은 클래스인 것으로 나타낸다. 클러스터는 평활도의 특별한 경우로, 데이터가 클러스터를 이루는 것을 나타낸다. 매니폴드는 데이터가 원래 영역보다 훨씬 낮은 차원에서 관련이 있는 것을 나타낸다.

▌ 사용하는 도구: 프로그래밍 언어 및 라이브러리

이 책은 개발자를 대상으로 하기 때문에 실제 코드를 사용해 수학적 개념을 설명한다.

예제를 위한 프로그래밍 언어를 선택할 때 먼저 최첨단 라이브러리를 비롯한 여러 가지 기술을 사용하려 했었다. 사람들과 협의해 본 결과, 개념을 설명할 때는 간단한 언어를 사용하는 것이 적절해보였다.

여러 후보 중에서 이해하기 쉬우면서도 실제 머신 러닝에 적합하고 관련 있는 언어가 이상적일 것이다.

가장 확실한 후보는 파이썬이다. 파이썬은 모든 조건을 충족하며, 지난 몇 년간 머신 러닝 입문자 및 실무자 사이에서 가장 많이 사용되는 언어다.

다음 그래프에서 머신 러닝 분야에서 이전에 많이 사용됐던 R 언어와 비교해볼 때 파이썬이 많이 사용되는 것을 분명히 알 수 있다. 다시 말해 이 책에서 얻을 수 있는 기술이 현재와 미래에도 적절할 것임을 의미한다.

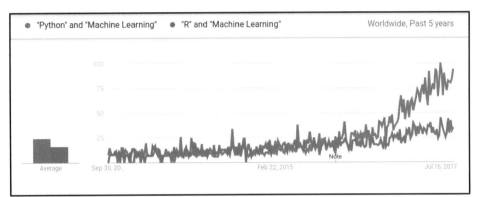

머신 러닝 영역에서 R 및 파이썬의 관심 그래프

파이썬으로 코드를 작성할 때 파이썬 생태계에서 제공하는 유명한 수치, 통계, 그래픽 라이브러리인 pandas, NumPy, matplotlib를 사용할 것이다. 심층 신경망$^{deep\ neural}$ ^{network}의 경우 TensorFlow를 백엔드로 사용하는 Keras 라이브러리를 사용할 것이다.

파이썬 언어

파이썬은 1989년, 네덜란드의 프로그래머 귀도 반 로섬$^{Guido\ Van\ Rossum}$이 만든 범용 스크립팅 언어다. 파이썬은 확장 라이브러리가 많아 확장성이 뛰어나며, 매우 간단한 구문을 갖고 있다. 이에 프로토타이핑과 일반적인 코딩에 적합하다. C와도 연결할 수 있으므로 최종 제품을 배포할 때도 고려할 수 있다.

파이썬 언어는 일반적인 스크립팅 도구로 사용될 뿐만 아니라, 실제 웹 개발에서부터 과학적 컴퓨팅에 이르기까지 다양한 영역에서 사용된다.

NumPy 라이브러리

이 책에서 반드시 사용할 라이브러리와 파이썬으로 작성된 수학적인 애플리케이션을 선택해야 한다면 NumPy를 선택할 것이다. Numpy 라이브러리는 통계 및 선형 대수

루틴을 사용해 애플리케이션을 구현하는 데 도움이 된다. Numpy 라이브러리의 구성 요소는 다음과 같다.

- 다양하면서 적합한 성능을 갖는 N차원 배열 객체
- 자연스럽게 배열에 적용할 수 있는 다양한 수학 함수
- 선형 대수 기본 요소
- 임의 분포 및 강력한 통계 패키지
- 모든 주요 머신 러닝 패키지와 호환

 이 책에서는 개념을 코드로 단순하게 설명하기 위해 NumPy의 많은 기능을 이 책 전반에 걸쳐 사용한다.

Matplotlib 라이브러리

데이터 플로팅은 데이터 과학의 핵심 부분이며, 제공된 데이터셋의 특성을 파악하기 위해 처음으로 하는 과정이다.

이와 같은 이유로 입력 데이터를 그래프로 나타낼 수 있고, 출력 결과를 표현할 수 있는 매우 강력한 라이브러리가 필요하다. 이 책에서는 파이썬의 Matplotlib 라이브러리를 사용해 모델의 개념과 결과를 설명한다.

Matplotlib이란?

Matplotlib은 많이 사용되는 플로팅 라이브러리며, 특히 2D 그래프에 특화돼 있다. 이 라이브러리에서는 matplotlib API의 일부이면서 NumPy를 지원하며 MATLAB과 비슷한 함수를 제공하는 pyplot을 주로 사용하겠다. MATLAB에 익숙하지 않은 사람들을 위해 부연 설명을 하자면 이 프로그램은 수십 년 동안 과학 및 공학 분야에서 많이 사용한 기본 개발 환경이다.

설명한 방법들은 관련된 개념들을 설명할 때 사용할 것이고, 이 책에서는 이 두 개의 라이브러리와 코드만을 이용해 많은 예제를 만든다.

Pandas

Pandas는 앞서 언급한 라이브러리를 DataFrame이라는 특수한 구조로 변환하고, 다양한 형식에 대한 I/O 처리, 자르기, 하위 세트 만들기, 누락 데이터 처리, 병합, 변형과 같은 데이터 관리 방법과 통계 및 데이터 변환 방법을 제공한다.

DataFrame 객체는 전체 라이브러리에서 가장 유용한 특징 중 하나이며, 다른 데이터 유형이 될 수 있는 열^{column}을 포함하는 특별한 2D 데이터 구조를 제공한다. 이 구조는 데이터베이스 테이블과 매우 유사하지만 SciPy 같은 유연한 프로그래밍 및 생태계에 포함된다. 이러한 데이터 구조는 NumPy 행렬과도 호환되므로 최소한의 노력으로 고성능 연산을 데이터에 적용할 수도 있다.

SciPy

SciPy는 NumPy, pandas, matplotlib 등 과학과 관련된 파이썬 라이브러리 모음이며, 이 분야 생태계의 핵심 라이브러리다. SciPy로 적분, 최적화, 보간, 신호 처리, 선형대수, 통계 및 파일 I/O와 같은 추가적인 수학 연산을 할 수 있다.

주피터 노트북

주피터^{Jupyter}는 성공적으로 진행된 파이썬 기반 프로젝트의 예이며, 코드로 데이터를 탐색하고 이해하기 위해 사용되는 가장 강력한 도구 중 하나다.

주피터 노트북은 코드, 그래픽 또는 서식 있는 텍스트의 셀들로 구성된 문서이며, 매우 다양하고 강력한 연구 환경을 제공한다. 이 모든 요소는 IPython과 상호작용하는 편리한 웹 인터페이스로 대응된다.

주피터 노트북이 다음 스크린 샷처럼 로드되면 모든 환경 및 모든 변수가 메모리에 저장되며, 변경 및 재정의할 수 있으므로 이를 활용해 연구 및 실험을 할 수 있다.

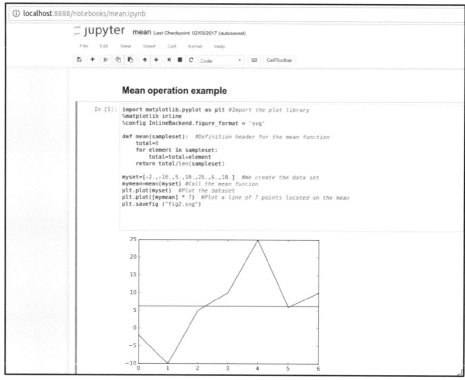

주피터 노트북

대부분의 파이썬 예제가 앞에서 설명한 형식으로 제공되므로, 이 도구는 이 책에서 중요한 부분이 될 것이다. 이 책의 마지막 장에서는 이 도구의 전체 설치 과정을 설명한다.

 주피터를 설치한 후에 노트북이 있는 디렉토리로 이동한 다음, jupyter notebook이라고 입력해 실행할 수 있다.

▌ 기본적인 수학 개념

앞 절에서 봤던 것처럼 이 책의 주된 독자는 머신 러닝 알고리즘을 이해하려는 개발자다. 그러나 이면에 있는 동기와 이유를 실제로 알기 위해서는 통계, 확률, 미적분에 대한 기본적인 내용들을 확인하고 기본 실력을 쌓아야 한다.

먼저 통계의 기본적인 내용부터 살펴보자.

통계: 불확실성을 모델링하는 기본 방법

통계는 데이터 샘플을 사용해 더 큰 데이터 샘플에 대한 결론을 내는 데 도움이 되는 분야로 정의될 수 있다. 머신 러닝이 데이터에 대한 속성과 데이터에 의미를 부여하는 것에 대한 연구의 큰 부분을 차지하므로, 다양한 방법을 정의하고 정당화하기 위해 여러 통계 개념을 사용한다.

기술 통계학: 주요 연산

다음 절에서는 기본 개념에서 더욱 확장할 수 있도록 통계 분야의 기본 연산 및 측정 기준들을 정의한다.

평균

평균^{mean}은 통계에서 가장 직관적이고 자주 사용되는 개념 중 하나다. 숫자 세트가 주어진다면 그 세트의 평균은 모든 원소의 합을 그 원소의 수로 나눈 값이다.

평균을 나타내는 수식은 다음과 같다.

$$\mu = \frac{1}{n} \sum_i x_i$$

평균은 매우 간단한 개념이지만 샘플 세트를 만들고 이것을 선으로 표현하며, 샘플의 가중치 중심에 있어야 하는 선으로 평균을 표시하는 파이썬 코드를 작성할 것이다.

이 과정은 파이썬 문법과 주피터 노트북을 소개하는 역할을 할 것이다.

```
import matplotlib.pyplot as plt        #plot 라이브러리를 불러옴

def mean(sampleset):                   #평균 함수 정의
    total = 0
    for element in sampleset:
        total = total + element
    return total/len(sampleset)

myset = [-2., -10.,3.,6.,4.,6.,10.]    #데이터셋을 만듦
mymean = mean(myset)                    #평균 함수를 부름
plt.plot(myset)                         #데이터셋 플롯
plt.plot([mymean] * 7)                  #평균에 위치한 7개점으로 이뤄진 선을 플롯
```

이 프로그램은 데이터셋 요소의 시계열을 출력하고, 평균 높이에 선을 그린다.

다음 그래프에서 볼 수 있듯이 평균은 샘플 세트의 경향을 설명하는 간결한 방식(값)이다.

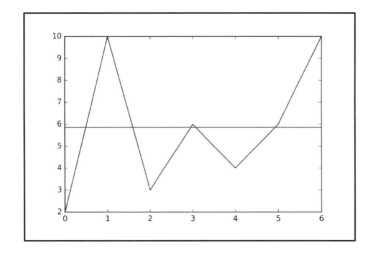

이 첫 번째 예제에서는 매우 균일한 샘플 세트로 작업했으므로 평균값은 샘플의 특성을 잘 표현한다. 하지만 넓게 퍼져 있는 샘플 세트로도 시도해보자(값을 변경하고 여러 실험을 해볼 것을 권장).

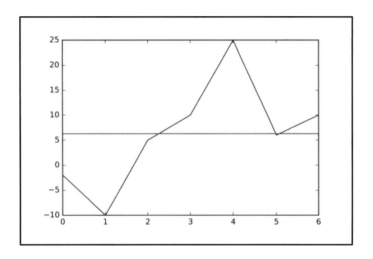

분산

첫 번째 예제에서 봤듯이 평균은 균일하지 않거나 매우 분산된 샘플을 기술하기에는 충분하지 않다.

샘플 세트의 값이 얼마나 퍼져 있는가를 설명하는 값을 알아보기 위해 분산^variance 개념을 살펴보자. 분산은 먼저 샘플의 평균이 필요하며, 평균부터 샘플 간 거리를 평균한다. 분산이 클수록 샘플 세트가 넓게 퍼져 있다.

분산의 일반적인 정의는 다음과 같다.

$$\sigma^2 = \frac{1}{n}\sum (x_i - \mu)^2$$

이 개념을 설명하기 위해 다음과 같은 샘플 코드 조각을 작성하고, 이전에 사용된 라이브러리를 사용하자. 명확히 하기 위해 다음과 같이 평균 함수를 다시 선언한다.

```
import math                          #이 라이브러리는 제곱 연산을 위해 필요함
def mean(sampleset):                 #평균 함수 정의
    total = 0
    for element in sampleset:
        total = total + element
    return total/len(sampleset)

def variance(sampleset):             #분산 함수 정의
    total = 0
    setmean = mean(sampleset)
    for element in sampleset:
        total = total + (math.pow(element-setmean, 2))
    return total/len(sampleset)

myset1 = [2.,10.,3.,6.,4.,6.,10.]    #데이터셋을 만듦
myset2 = [1.,-100.,15.,-100.,21.]

print("Variance of first set:" + str(variance(myset1)))
print("Variance of second set:" + str(variance(myset2)))
```

이 코드의 출력은 다음과 같다.

```
Variance of first set:8.69387755102
Variance of second set:3070.64
```

이처럼 두 번째 세트의 분산은 실제로 넓게 퍼진 값들을 고려할 때 훨씬 값이 높은 것을 확인할 수 있다. 제곱 거리의 평균을 계산하는 것은 이차 연산이므로 실제 차이를 보여주는 데 도움이 된다.

표준 편차

표준 편차는 단순히 분산에 사용된 평균 제곱에서 제곱 특성을 정규화해 효과적으로 선형화하는 방법이다. 표준 편차는 더욱 복잡한 다른 연산에 유용하게 사용될 수 있다.

표준 편차의 정식 표현은 다음과 같다.

$$\sigma = \sqrt{\frac{1}{n}\sum(x_i - \mu)^2}$$

확률 및 확률 변수

이제부터 이 책의 모든 개념을 이해하는 데 필요한 단 하나의 가장 중요한 분야를 살펴보자.

확률은 수학적인 분야이며, 확률 사건에 대해 주로 연구한다. 좀 더 유용한 정의는, 확률은 일반적으로 발생 가능한 사건과 관련된 확실성(혹은 반대로 불확실성)의 정도를 정량화하려 하는 것이다.

사건

확률을 이해하기 위해서는 먼저 **사건**^{event}을 정의해야 한다. 특정 행동을 했을 때 다양한 결과가 나올 수 있는 실험에서 사건이란 그 실험에서 나타날 수 있는 모든 결과의 일부 세트다. 사건의 예로는 특정 주사위 번호가 나타나는 것과 특정 유형의 제품 결함이 조립 라인에서 나타나는 경우를 들 수 있다.

확률

이전의 정의에 따르면 확률은 사건의 발생 가능성이다. 확률은 0과 1 사이의 실수로 나타낼 수 있으며, 사건 발생 가능성이 높아질 경우에 확률 P는 1에 가까워진다.

사건 발생 확률에 대한 수학적 표현은 P(E)다.

확률 변수 및 분포

사건 확률을 할당할 때 전체 샘플을 다루고, 샘플 영역에 대한 가능한 모든 결과에 각각 하나의 확률 값을 할당할 수 있었다.

이 과정은 실제로 함수의 모든 특성을 갖고 있으므로, 가능한 사건의 결과 값 각각에 대한 값을 갖는 확률 변수가 된다. 이 함수를 확률 함수라 부를 것이다.

이러한 변수에는 다음과 같은 두 가지 유형이 있다.

- **이산적**: 결과의 수가 유한하거나 셀 수 있을 경우
- **연속적**: 결과의 집합이 연속적인 간격 속에 있는 경우

이 확률 함수는 **확률 분포**라고도 불린다.

유용한 확률 분포

여러 확률 분포 사이에서 특별한 특성이나 인기 있는 문제에 대해 연구되고 분석된 몇 가지 함수가 있다.

머신 러닝 개발에 특별한 영향을 미치는 가장 일반적인 분포들을 알아보자.

베르누이 분포

간단한 분포부터 시작하자. 이 분포는 이진 결과를 갖으면서 동전을 던지는 것과 같은 분포다.

이 분포는 p의 확률로 1을 갖고(앞이라고 하자), 1-p의 확률로 0을 갖는(뒤라고 하자) 단일 사건을 나타낸다.

이를 시각화하기 위해 np를 사용해 베르누이 분포를 갖는 많은 수의 사건을 생성하고, 이 분포의 경향을 그래프로 나타내보자. 다음과 같이 두 가지 결과만이 발생한다.

```
plt.figure()
distro = np.random.binomial(1, .6, 10000)/0.5
plt.hist(distro, 2, normed=1)
```

다음 그래프는 히스토그램을 통해서 이항 분포를 보여주며, 결과 확률의 상호 보완적인 성격을 나타낸다.

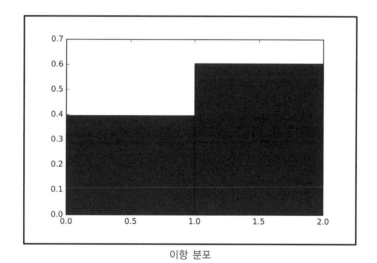

이항 분포

따라서 가능한 결과에 대한 상호 보완 확률의 경향을 확실히 확인할 수 있다. 이제 가능한 결과의 수를 늘려 모델을 보완해보자. 이 수가 2보다 큰 경우인 다항 분포에 대해 알아보자.

```
plt.figure()
distro = np.random.binomial(100, .6, 10000)/0.01
```

```
plt.hist(distro, 100, normed=1)
plt.show()
```

다음의 그래프를 살펴보자.

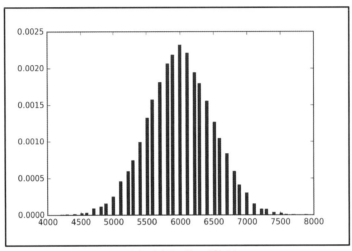

100개의 결과를 갖는 다항 분포

균일 분포

매우 일반적인 분포인 **균일 분포**^{uniform distribution}는 우리가 살펴볼 첫 번째 연속 분포다.
이름에서 알 수 있듯이 영역의 모든 구간에서 일정한 확률 값을 갖는다.

a와 **b**는 양 끝점 위치이고, 1로 적분할 때 이 확률은 $1/(b-a)$ 값을 갖는다.

다음과 같은 코드를 사용해서 규칙적인 히스토그램을 사용해 샘플 균일 분포에 대한
플롯을 생성해보자.

```
uniform = np.random.uniform(uniform_low, uniform_high, 10000)
plt.figure()
uniform_low = 0.25
```

```
uniform_high = 0.8
plt.hist(uniform, 50, normed=True)
plt.show( )
```

다음의 그래프를 살펴보자.

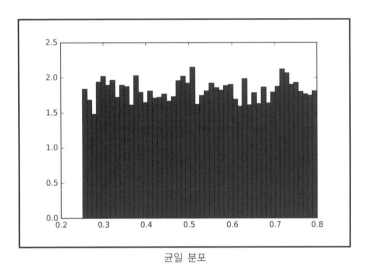

균일 분포

정규 분포

정규 분포는 가우스 함수라고도 불리며 매우 일반적이고 연속적인 랜덤 함수다. 정규 분포는 다소 복잡한 형태지만, 평균 및 분산의 간단한 메트릭metrics으로 정의할 수 있다.

다음은 함수의 기본 형태다.

$$f(x|\mu, \sigma^2) = \frac{1}{\sqrt{2\sigma^2\pi}} e^{-\frac{(x-\mu)^2}{2\sigma^2}}$$

다음의 코드 조각을 살펴보자.

```
import matplotlib.pyplot as plt      #플롯 라이브러리를 불러옴
import numpy as np
mu = 0.
sigma = 2.
distro = np.random.normal(mu, sigma, 10000)
plt.hist(distro, 100, normed=True)
plt.show( )
```

다음 그래프는 생성된 분포의 히스토그램을 보여준다.

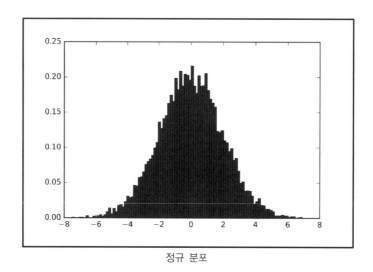

정규 분포

로지스틱 분포

로지스틱 분포는 정규 분포와 유사하지만 모양에 있어서 더 긴 꼬리tail를 갖는다. 로지스틱 분포에서는 2장에서 다룰 누적 분포 함수CDF, cumulative distribution function가 중요하며, 이에 대해 익숙해질 것이다.

먼저 다음의 코드 조각을 사용해 기본 분포를 나타내보자.

```
import matplotlib.pyplot as plt        #플롯 라이브러리를 불러옴
import numpy as np
mu = 0.5
sigma = 0.5
distro2 = np.random.logistic(mu, sigma, 10000)
plt.hist(distro2, 50, normed=True)
distro = np.random.normal(mu, sigma, 10000)
plt.hist(distro, 50, normed=True)
plt.show( )
```

다음의 그래프를 살펴보자.

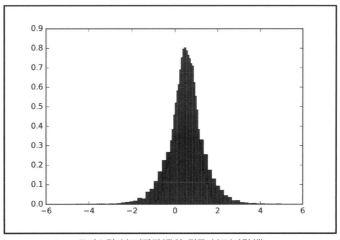

로지스틱 분포(빨간색)와 정규 분포(파란색)

앞에서 언급한 것처럼 로지스틱 분포의 CDF를 계산하자. 그러면 매우 익숙한 모양을 가진 시그모이드^{sigmoid} 곡선을 볼 수 있다. 시그모이드 곡선은 신경망 활성화 함수에 대해 알아볼 때 다시 다룬다.

```
plt.figure( )
logistic_cumulative = np.random.logistic(mu, sigma, 10000)/0.02
plt.hist(logistic_cumulative, 50, normed=1, cumulative=True)
```

```
plt.show()
```

다음의 그래프를 살펴보자.

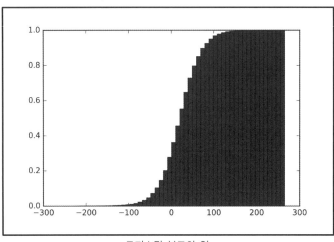

로지스틱 분포의 역

확률 함수에 대한 통계적 측정 기준

이 절에서는 확률에 적용할 수 있는 가장 일반적인 통계적 측정 방법을 살펴본다. 첫 번째 측정값은 평균과 분산이다. 평균과 분산의 정의는 통계에 대해 소개한 부분에서 다룬 것과 다르지 않다.

비대칭도

비대칭도Skewness는 수평적인 편차, 또는 중심으로부터의 편차, 또는 확률 분포의 대칭(또는 이것의 부족)을 나타낸다. 일반적으로 비대칭도가 음수이면 오른쪽 치우침을 의미하고, 양수이면 왼쪽 치우침을 의미한다.

$$\left(S_k\right) = \frac{1}{n} \frac{\sum_{i=1}^{n}\left(X_i - \overline{X}\right)^3}{s^3}$$

비대칭도 통계 분포를 나타내고 있는 다음의 다이어그램을 살펴보자.

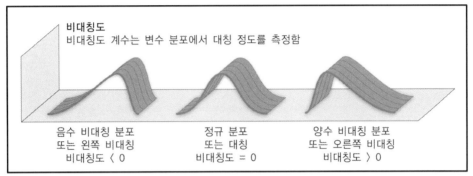

분포 모양에 따라 비대칭도에 어떻게 영향을 미치는지 보여줌

첨도

첨도Kurtosis는 분포의 중심 집중 정도에 대한 아이디어를 제공하며, 중심 영역이 얼마나 급격한지 또는 함수의 꼬리가 얼마나 분산됐는지를 정의한다.

첨도 수식은 다음과 같다.

$$Kurtosis = \frac{1}{n} \sum_{i=1}^{n} \left(\frac{x_i - \bar{x}}{SD(x)}\right)^4$$

다음의 다이어그램을 통해 우리가 배우고 있는 새로운 메트릭을 어떻게 직관적으로 이해할 수 있는지 확실히 알 수 있다.

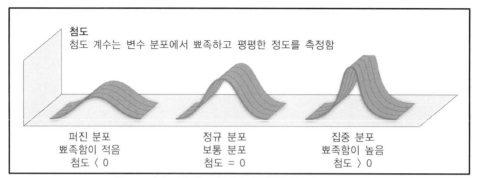

분포 모양에 따라 첨도에 어떻게 영향을 미치는지 보여줌

미적분 요소

그래디언트 디센트와 같은 머신 러닝 알고리즘의 최소 기본 지식을 다루기 위해 미적분과 관련된 개념을 소개한다.

사전 지식

그래디언트 디센트 이론을 도출하는 데 필요한 미적분 용어를 다루기 위해서는 여러 장이 필요하다. 따라서 선형 함수, 이차 함수, 로그 함수 및 지수 함수와 같이 가장 잘 알려진 연속 함수의 속성, 그리고 극한의 개념은 이미 익숙하다고 가정할 것이다.

명확히 이해하기 위해 단일 변수를 가진 함수의 개념을 알아보고, 다변수 함수로 확장할 것이다.

변화에 대한 확인: 미분

앞 절에서는 함수의 개념을 알아봤다. 전체 영역에서 정의된 상수 함수를 제외하고 모든 함수는 값에 따라 다른 특성을 보인다. 즉, x값에 따라 $f(x_1)$의 특성과 $f(x_2)$의 특성은 다르다.

미적분학의 목적은 변화를 측정하는 것이다. 이를 위해 17세기의 많은 수학자들(라이프니쯔^{Leibniz} 및 뉴턴^{Newton}이 가장 유명했음)은 심볼로 정의된 함수가 시간이 지나면서 어떻게 변하는지를 측정하고 예측하기 위한 간단한 모델을 만드는 데 많은 노력을 했었다.

이 노력을 통해 심볼릭 결과^{symbolic result}라는 멋진 개념을 도출해냈다. 이것은 특정 조건에 있는 함수가 특정 지점에서 얼마나 많이 어떤 방향으로 변화하는지를 알려준다. 이것이 미분의 개념이다.

경사에서 슬라이딩

시간에 따라 함수가 어떻게 변하는지를 측정하고자 한다면 직관적으로 현재 함수 값을 구하고 다음 지점에서 그 함수 값을 측정했을 것이다. 두 번째 값에서 첫 번째 값을 뺀 값은 시간이 지남에 따라 함수가 얼마나 많이 변했는지를 알려준다.

```python
import matplotlib.pyplot as plt
import numpy as np
%matplotlib inline

def quadratic(var):
    return 2* pow(var, 2)

x=np.arange(0., 5., .1)
plt.plot(x, quadratic(x))
plt.plot([1,4], [quadratic(1), quadratic(4)], linewidth=2.0)
plt.plot([1,4], [quadratic(1), quadratic(1)], linewidth=3.0,
      label="Change in x")
plt.plot([4,4], [quadratic(1), quadratic(4)], linewidth=3.0,
      label="Change in y")
plt.legend()
plt.plot(x, 10*x -8)
plt.plot()
```

앞의 코드 예제에서는 먼저 샘플 이차 방정식($2 \times x^2$)을 정의한 다음, arange 함수로 작업할 영역(0에서 0.5까지 0.1 간격)을 정의했다.

이후 x에 대한 y의 변화를 측정하는 구간을 정의하고, 이 측정값을 선으로 그렸다. 그래프는 다음과 같다.

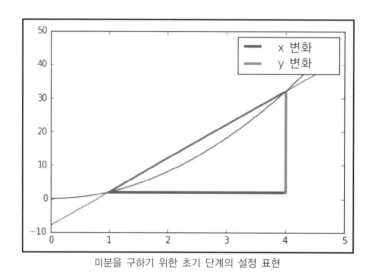

미분을 구하기 위한 초기 단계의 설정 표현

이 경우 $x=1$과 $x=4$에서 함수 값을 구하고, 이 구간의 변화율을 다음과 같이 정의한다.

$$\text{diff} = \frac{f(x_2) - f(x_1)}{x_2 - x_1}$$

이 식을 적용하면 샘플의 결과는 (36-0)/3=12다.

이러한 초기 접근법은 동적 특성을 대략적으로 측정할 수는 있지만, 측정하는 시점에 매우 의존적이며 필요한 모든 구간마다 측정해야만 한다.

함수의 동적 특성을 더 잘 이해하기 위해서는 함수의 영역 내에 있는 모든 지점에서 순간 변화율을 정의하고 측정할 수 있어야 한다.

순간 변화를 구하기 위해서는 영역 내에 있는 x 값의 간격을 줄여야 한다. 이 접근법을 이용하기 위해 초깃값은 x로, 다음 값은 $x + \Delta x$로 정한다.

$$\text{diff} = \frac{f(x+\Delta x) - f(x)}{\Delta x}$$

다음의 코드에서는 Δx를 점진적으로 줄여서 차분을 근사한다.

```
initial_delta = .1
x1 = 1

for power in range(1,6):
    delta = pow(initial_delta, power)
    derivative_aprox=(quadratic(x1+delta) - quadratic(x1))/((x1+delta) - x1)
    print("delta: " + str(delta) + ", estimated derivative: " +
            str(derivative_aprox))
```

앞의 코드에서는 초기 delta 값을 정하고 초기 근삿값을 계산했다. 이후 증가하는 값으로 0.1를 제곱하면서 delta 값이 감소하고, 이것을 차분 함수에 적용한다. 이 결과는 다음과 같다.

```
delta: 0.1, estimated derivative: 4.2
delta: 0.01, estimated derivative: 4.02
delta: 0.001, estimated derivative: 4.002
delta: 0.0001, estimated derivative: 4.0002
delta: 1e-05, estimated derivative: 4.00002
```

이 변화 값이 감소함에 따라 변화율은 4 근처에 도달할 것이다. 이 과정은 언제 멈출까? 사실 이 과정은 수치적으로는 무한히 계속될 수 있다.

여기에서 극한의 개념이 직관적으로 나타난다. 이 Δ를 무한히 작게 하는 것을 $f(x)$의 미분 또는 $f'(x)$라고 부른다.

$$\frac{dy}{dx} = f'(x) = \lim_{\Delta \to 0} \frac{f(x + \Delta x) - f(x)}{\Delta x - x}$$

이것은 미분의 공식적인 정의다.

하지만 수학자들은 많은 연산을 하는 지루한 계산을 계속했으며(17세기에 대부분 수동으로 진행됐다), 이 연산을 더욱 단순화하기를 원했다.

함수의 미분을 심볼로 정의할 수 있게 하는 다른 방법을 수행하면 어떻게 될까?

이것은 x 변수 값을 대체해서 해당 함수의 미분을 제공하는 새로운 함수를 만드는 것이 필요하다. 큰 발전은 17세기에 이뤄졌다. 여러 함수에 대해서 이뤄졌고 처음에는 포물선($y=x^2+b$)에 적용됐고, 이후에는 복잡한 함수에 대해서도 적용됐다.

이름	함수 $y = f(x)$		미분 $\partial y / \partial x$	
로지스틱	$\dfrac{1}{1+e^{-x}}$		$y(1-y)$	
Tanh	$Tanh(x)$		$1-y^2$	
가우시안	$e^{-x^2/2}$		$-xe^{-x^2/2}$	
선형	x		1	

연쇄 법칙

함수의 미분을 심볼 형태로 결정하는 중요한 방법은 연쇄 법칙이다. 이 수식은 라이프니쯔^{Leibniz}가 1676년에 논문에서 처음으로 언급했으며, 합성 함수의 미분을 매우 간단하고 우아한 방식으로 도출했고, 복잡한 함수의 해를 단순화한다.

연쇄 법칙을 정의하기 위해 또 다른 함수 g로 정의되는 함수 $f(g(x))$를 가정한다면 미분은 다음과 같이 정의될 수 있다.

$$\frac{dz}{dx} = \frac{dz}{dy} \cdot \frac{dy}{dx}.$$

연쇄 법칙의 수식을 사용하면 입력 값이 다른 함수에 의존하는 수식을 만들 수 있다. 이는 이전 함수와 연결된 함수의 변경률을 검색하는 것과 같다. 연쇄 법칙은 신경망의 학습 단계에서 사용되는 주요 이론 개념 중 하나다. 계층 구조에서는 첫 번째 뉴런 계층의 출력은 다음 뉴런 계층의 입력이 되기 때문이다. 결과적으로 대부분의 경우 하나 이상의 중첩된 합성 함수가 된다.

편미분

지금까지는 단일 변수 함수를 다뤘지만, 이제부터는 다변수 함수를 다룰 것이다. 데이터셋은 한 개 이상의 열^{column}을 포함할 것이며, 각각의 열은 다른 변수들을 나타낼 것이다.

많은 경우에 하나의 차원 값이 변할 때 어떻게 함수가 변하는지를 알아야 하며, 이것은 데이터셋의 한 열이 전체 함수 변화에 기여하는지와 관련이 있다.

다변수 함수의 편미분을 계산할 때 미분하지 않는 변수는 상수로 보고, 미분하려는 변수가 있는 부분만 미분 법칙을 적용한다.

다음 식을 보자.

$$f(x,y) = 2x^3y$$

y를 상수로 두고, 함수를 x에 대해 미분하면 $3 \cdot 2\,y\,x^2$로 다시 쓸 수 있다. 변수 x를 미분하면 다음과 같다.

$$d/dx(f(x,y)) \;=\; 6y \;\times\; x^2$$

이 기술을 사용하면 더 복잡한 다변수 함수를 다룰 수 있다. 다변수 함수는 일반적으로 두 개 이상의 변수로 구성되며, 피처 집합이 이렇게 구성될 수 있다.

▌ 요약

1장에서는 머신 러닝을 학습하는 데 기초가 되는 기본 수학 개념 등의 다양한 개념을 다뤘다.

이 개념들은 다양한 모델링의 메커니즘을 공식적으로 설명할 때 유용할 것이므로 다른 장을 읽기 전이나 읽는 동안 최대한 이해하길 권장한다. 그러면 알고리즘이 어떻게 작동하는지 더 잘 파악하게 될 것이다.

2장에서는 머신 러닝 프로젝트의 전체 워크플로우에 대해 간단히 살펴본다. 이것은 데이터 수집부터 결과 평가에 이르기까지 다양한 요소를 이해할 수 있도록 도움을 줄 것이다.

02

학습 과정

1장에서는 머신 러닝 분야의 수학적 개념, 역사 및 분야에 대한 일반적인 개요를 살펴봤다.

이 책은 실용적이지만 정식으로 올바른 학습 방법을 제공하는 것을 목적으로 하기 때문에 모든 머신 러닝 과정에서 이뤄지는 일반적인 사고 과정을 알아보려 한다. 이러한 개념은 여러 장에서 사용되며 현장의 우수 사례에 대한 공통된 프레임워크를 정의하는 데 도움이 될 것이다.

2장에서 다루는 내용은 다음과 같다.

- 문제 및 정의 이해
- 데이터셋 획득, 전처리 및 피처 엔지니어링

- 모델 정의, 훈련 및 평가
- 결과 및 측정 항목 이해

모든 머신 러닝 문제는 각자 고유한 특징이 있다. 그럼에도 불구하고 훈련을 계속하다 보면 머신 러닝 과정에는 어떤 단계를 포함해야 하는지에 대한 패턴과 그에 대한 좋은 사례를 발견할 수 있다. 다음 절에서는 적용처마다 적합한 코드 예를 통해 이런 단계들을 알아본다.

▌ 문제 이해

머신 러닝 문제를 풀 때 데이터와 가능한 작업량을 미리 분석하는 것이 중요하다. 이 예비 단계는 이후의 단계보다 유연하며 덜 공식적이다.

머신 러닝의 정의에서 최종 목표는 컴퓨터가 샘플 데이터셋으로부터 특정 행동이나 모델을 학습하거나 일반화하는 것임을 알고 있다. 따라서 우리가 해야 할 첫 번째 일은 학습할 새로운 능력에 대해 아는 것이다.

엔터프라이즈 분야에서는 좀 더 실질적인 토론과 브레인스토밍이 필요한 시점이다. 이 단계에서 스스로에게 물어볼 수 있는 주요한 질문은 다음과 같다.

- 해결하려고 하는 진짜 문제는 무엇인가?
- 현재 정보 전달 과정은 무엇인가?
- 데이터 수집을 어떻게 해야 하는가?
- 들어오는 데이터가 무결한가, 아니면 결함이 있는가?
- 더 많은 변수를 손에 넣기 위해 어떤 데이터 소스를 추가적으로 더할 수 있는가?
- 데이터는 주기적으로 받을 수 있는가, 아니면 실시간으로 얻을 수 있는가?
- 이 문제에 대한 최소 시간 단위는 무엇이 돼야 하는가?

- 데이터는 자주 변하는가, 아니면 시간에 따라 다소 안정적인 특징을 갖는가?

문제를 이해하는 것은 비즈니스 지식 측면과 모델에 영향을 줄 수 있는 모든 요인을 확인하는 것과 관련이 있다. 일단 확인됐다면 다음 작업은 조직화되고 구조화된 값의 집합을 생성하는 것이고, 이것은 모델의 입력이 된다.

초기 문제 정의의 예와 초기 분석 과정을 살펴보자.

회사 A를 특정 날짜에 특정 제품의 수요를 예측하기 원하는 소매점 체인이라고 가정해보자. 이것은 비결정적인 구성 요소가 있는 인간 행동을 포함하기 때문에 까다로운 작업일 수 있다.

이런 모델을 만들기 위해서는 어떤 종류의 데이터 입력이 필요할까? 물론, 다루는 아이템에 대한 거래 목록을 원할 것이다. 하지만 그 물건이 원자재라면? 품목이 콩 또는 밀가루의 가격에 의존하는 경우 현재 및 과거 수확량을 반영한다면 모델을 향상시킬 수 있다. 제품이 중산층 상품이라면 현재의 인플레이션과 급여 변화도 현재 이윤과 상관관계가 있을 것이다.

문제를 이해하는 데는 비즈니스에 대한 지식이 필요하며 모델에 영향을 줄 수 있는 중요한 정보 출처를 모두 모색해야 한다. 어떤 의미에서 이것은 오히려 예술과 비슷하며, 그 요인들은 모두 중요하다.

문제의 기본적인 부분을 분석했고, 들어오는 데이터와 원하는 출력의 특성이 분명하다고 가정하자. 다음 작업은 모델의 입력이 될 구조화된 값 집합을 생성하는 것이다. 이후 이 데이터 그룹을 정리하고 수정을 하는데, 이를 데이터셋^{dataset}이라고 한다.

▌ 데이터셋 정의 및 획득

데이터 소스를 확인한 후 다음 단계는 모든 튜플 또는 레코드를 동일한 세트로 수집하는 작업을 하는 것이다. 이 형식은 표 모양의 배열, 연속된 값(예: 오디오 또는 날씨 변수) 및 N차원 행렬(이미지 또는 3차원 점집합)이 될 수 있다.

ETL 프로세스

이전 단계는 빅데이터 처리 분야의 데이터 마이닝이라는 이름으로 수십 년 동안 변해왔으며, 최근에는 빅데이터big data라는 이름으로 부른다.

이러한 분야에서 가장 좋은 결과 중 하나는 ETL Extraction, Transform, Load로 과정을 체계화한 것이다.

이 과정은 비즈니스 시스템에서 나오는 많은 데이터 소스를 혼합한 상태에서 시작해 데이터를 읽기 쉬운 상태로 변환하고, 매우 구조화되고 문서화된 데이터 유형으로 데이터 시장mart을 생성하는 시스템을 거친다.

이 개념을 적용하기 위해 이 과정에서 나온 요소와 구조화된 데이터셋의 최종 결과를 혼합한다(지도 학습 문제의 경우 추가적인 레이블 열을 포함함).

이 프로세스는 다음 다이어그램에 나와 있다.

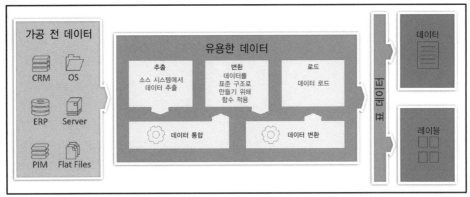
가공 전 데이터에서 유용한 데이터셋까지의 ETL 과정 묘사

이 다이어그램은 데이터 파이프라인의 첫 번째 단계를 보여준다. 일반적으로 아주 다른 형식과 구성을 갖는 기업의 데이터로 시작한다. 이 데이터는 상용 트랜잭션, IoT 장치 raw 값, 또는 다른 중요한 데이터 소스에서 나온 정보 요소일 수 있다. ETL 프로세스는 서로 다른 소프트웨어 필터를 사용해 가공 전 정보를 수집하고, 필요한 변환을 적용해 유용한 방식으로 데이터를 정렬한다. 최종적으로는 데이터를 표 형식으로 표시한다(이 경우 마지막 피처나 결과 열을 가진 단일 데이터베이스나 통합된 데이터가 있는 큰 CSV 파일로 생각 할 수 있다). 최종 결과는 매우 분명한 표 구조로 표준화되기 때문에 이후 과정에서 데이터 형식을 고려하지 않아도 되므로, 편리하게 사용할 수 있다.

SciPy 및 pandas를 사용한 데이터셋 로드 및 탐색 분석

데이터셋 형식에 대한 기본 정보를 얻기 위해 이전에 소개한 파이썬 라이브러리(SciPy 및 pandas)를 거의 모든 문제에 사용한다.

먼저 여러 데이터셋을 불러오고 간단한 통계 분석을 해보자.

 샘플 데이터 파일은 각 장의 코드 디렉토리 안의 데이터 디렉토리에 있다.

IPython과 대화식으로 작업

이 절에서는 개념과 메소드를 대화형으로 알아볼 수 있는 커맨드라인 셸인 파이썬 대화식 콘솔 또는 IPython을 소개한다.

IPython을 실행하려면 커맨드라인에서 호출한다.

```
$ ipython
Python 2.7.11+ (default, Apr 17 2016, 14:00:29)
Type "copyright", "credits" or "license" for more information.

IPython 4.2.0 -- An enhanced Interactive Python.
?         -> Introduction and overview of IPython's features.
%quickref -> Quick reference.
help      -> Python's own help system.
object?   -> Details about 'object', use 'object??' for extra details.

In [1]:
```

IPython이 실행되는 것과 초기 빠른 도움말을 볼 수 있다. 가장 관심 있는 부분은 마지막 행이다. 이 행에서 라이브러리를 가져 와서 명령을 실행하고 결과 객체를 표시할 수 있다. IPython의 또 다른 편리한 특징은 결과 값이 변수의 입력 값에 따라 어떻게 다른지 확인하기 위해 변수를 다시 정의할 수 있다는 점이다.

예제에서는 이 책 집필 당시 가장 많은 지원을 하고 있는 리눅스 배포판(Ubuntu 16.04)에 있는 표준 파이썬 버전을 사용하고 있다. 결과는 파이썬 3에서도 동일해야 한다.

우선 panda를 불러오고 샘플 .csv 파일(한 줄마다 데이터가 있는 일반적인 형식)을 로드하자. 여기에는 분류 문제에 대한 매우 유명한 데이터셋이 포함돼 있다. 붓꽃 150개에 대한 속성과 클래스(1, 2, 3)를 나타내는 숫자 열로 구성돼 있다.

In [1]: import pandas as pd #Import the pandas library with pd alias

---

이 줄에서는 import문으로 pandas를 불러온다. as 수정자를 사용하면 라이브러리의 모든 객체와 메소드에 대해 간결한 이름을 사용할 수 있다.

```
In [2]: df = pd.read_csv("data/iris.csv")   #붓꽃 데이터를 dataframe으로 불러옴
```

이 줄에서는 read_csv 메소드를 사용해 pandas가 .csv 파일의 항목 구분 기호를 추측하고, 이를 DataFrame 객체로 저장한다.

데이터셋을 간단하게 탐색해보자.

```
In [3]: df.columns
Out[3]:
Index([u'Sepal.Length', u'Sepal.Width', u'Petal.Length', u'Petal.Width',
u'Species'], dtype='object')

In [4]: df.head(3)
Out[4]:
5.1 3.5 1.4 0.2 setosa
0 4.9 3.0 1.4 0.2 setosa
1 4.7 3.2 1.3 0.2 setosa
2 4.6 3.1 1.5 0.2 setosa
```

이제 데이터셋의 열 이름을 볼 수 있고 처음 *n*개의 항목을 확인할 수 있다. 첫 번째 레지스터를 보면 setosa iris 클래스의 다양한 측정값을 볼 수 있다. 이제 열의 특정 부분집합에 접근해 처음 세 요소를 표시하자.

```
In [19]: df[u'Sepal.Length'].head(3)
Out[19]:
0 5.1
1 4.9
2 4.7
Name: Sepal.Length, dtype: float64
```

panads는 표로 저장된 다양한 형식을 불러오는 메소드를 포함한다. 예를 들면 HDF5(read_hdf), JSON(read_json), Excel(read_excel) 등이 있다. 지원하는 모든 형식의 목록은 http://pandas.pydata.org/pandas-docs/stable/io.html에서 확인하자.

이러한 간단한 탐색 방법 외에도 pandas를 사용해 Sepal.Length 열의 분포 특성을 알아보고, 지금까지 살펴본 모든 설명적인 통계 개념을 얻을 수 있다.

```
#꽃받침 길이 열에 대한 설명
print("Mean: " + str(df[u'Sepal.Length'].mean()))
print("Standard deviation: " + str(df[u'Sepal.Length'].std()))
print("Kurtosis: " + str(df[u'Sepal.Length'].kurtosis()))
print("Skewness: " + str(df[u'Sepal.Length'].skew()))
```

다음은 이 분포의 주요 메트릭 값이다.

```
Mean: 5.84333333333
Standard deviation: 0.828066127978
Kurtosis: -0.552064041316
Skewness: 0.314910956637
```

이제 이 분포의 히스토그램을 보면서 이 메트릭의 정확성을 그래픽으로 평가하자. 이번에는 내장된 plot.hist 메소드를 사용한다.

```
#측정값을 보기위해 히스토그램을 플롯
import matplotlib.pyplot as plt
%matplotlib inline
df[u'Sepal.Length'].plot.hist()
```

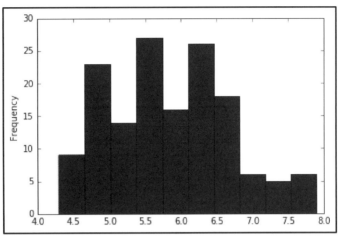

붓꽃, 꽃받침의 히스토그램

통계치가 보여주듯이 비대칭도는 양의 값을 갖기 때문에 왼쪽에 왜곡돼 있으며, 첨도 메트릭에 표시된 것처럼 넓게 퍼져 있다(양수일 때보다 훨씬 넓게 퍼져 있음).

2D 데이터 작업

이제는 표 형식의 데이터를 그만 살펴보고 2D 데이터 구조를 살펴보자. 이미지는 머신 러닝 문제에서 널리 사용되는 가장 일반적인 데이터 유형이며, SciPy 스택에 포함된 유용한 함수들을 알아보자.

다음 코드는 인라인 그래픽으로 주피터 노트북에서 실행되게 최적화돼 있다. Dataset_IO.pynb 파일에서 코드를 찾을 수 있다.

```
import scipy.misc
from matplotlib import pyplot as plt
%matplotlib inline
testimg = scipy.misc.imread("data/blue_jay.jpg")
plt.imshow(testimg)
```

이미지를 불러오는 것은 해당 모듈 불러오기, imread를 사용해 이미지를 행렬로 읽어오기, matplotlib으로 이미지 보여주기로 구성된다. %로 시작되는 줄은 파라미터를 변경할 때 사용하며, 다음과 같은 **matplotlib** 그래픽이 노트북에서 보여야 한다는 것을 나타낸다(축에 표시된 값은 픽셀 번호다).

로드된 초기 RGB이미지

테스트 변수에는 높이 × 너비 × 채널 번호 크기의 배열을 포함하며, 각 요소는 이미지 픽셀의 빨강, 녹색 및 파랑 색 채널 값을 나타낸다. 이 정보를 얻어 보자.

```
testimg.shape
```

다음과 같이 보여준다.

```
(1416, 1920, 3)
```

또한 이미지의 색상 패턴을 알아보기 위해 채널을 빨강, 초록 및 파랑으로 분리할 수 있다.

70

```
plt.subplot(131)
plt.imshow(testimg[:,:,0], cmap="Reds")
plt.title("Red channel")
plt.subplot(132)
plt.imshow(testimg[:,:,1], cmap="Greens")
plt.title("Green channel")
plt.subplot(133)
plt.imshow(testimg[:,:,2], cmap="Blues")
plt.title("Blue channel")
```

이 예제에서는 구조와 위치를 나타내는 세 개의 서브플롯을 만들었고, 이는 세 자리 코드 값을 갖는다. 이 코드에서 첫 번째는 행 번호를 나타내고 두 번째는 열 번호를 나타내며, 마지막은 해당 구조에서 플롯 위치를 나타낸다. cmap 파라미터는 그래픽에 지정된 색상 맵을 나타낸다.

출력은 다음과 같다.

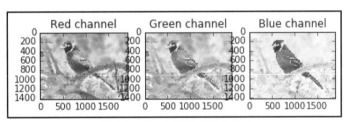

샘플 이미지의 분리된 채널의 묘사

 빨간색과 녹색 채널은 비슷한 패턴을 보이지만, 푸른 색조는 이 새 그림에서 두드러진 다는 것을 알 수 있다. 이 채널 분리는 새의 서식지에서 이런 종류의 새를 감지하는 매우 기초적인 초기 방법일 수 있다.

이 절에서는 데이터셋을 로드하는 여러 방법을 간단하게 소개한다. 이후 장들에서는 샘플 세트를 포함하는 여러 데이터를 동시에 로드하고 훈련하는 것을 비롯한 데이터셋을 가져오는 여러 가지 고급 방법을 살펴본다.

▌ 피처 엔지니어링

피처 엔지니어링은 해당 분야의 많은 전문가가 학습 과정에서 중요한 부분이라고 말하지만, 머신 러닝 과정에서 가장 저평가된 부분 중 하나다.

이 과정의 목적은 무엇일까? 즉, 데이터베이스, 센서, 아카이브 등에서 가공 전 데이터를 가져와서 모델이 일반화하기 쉬운 형태로 변환하는 과정이다. 이 과정은 상식을 포함한 여러 출처를 바탕으로 기준^{criteria}을 만든다. 이 부분은 엄밀한 과학보다는 예술과 같다. 이 과정의 일부가 피처 추출 분야에서 다루는 여러 기술로 자동화될 수는 있지만, 전체적으로 봤을 때는 수동으로 이뤄진다.

이 과정의 일부로 주성분 분석$^{PCA, Principal Component Analysis}$ 및 오토인코더^{Autoencoders}와 같은 많은 강력한 수학 도구 및 차원 감소 기술이 있다. 이 방법들은 데이터 과학자가 데이터에서 중요한 부분들을 선택할 수 있게 도와준다.

누락된 데이터 다루기

완전하지 않거나 불완전한 데이터셋을 다룰 때 누락된 부분은 모델에 도움이 되지 않지만, 행의 다른 모든 요소는 모델에 유용할 수 있다. 불완전한 값들이 많아서 어떤 행들도 무시할 수 없을 때 특히 그렇다.

이 과정에서 주요한 질문은 "누락된 값을 어떻게 해석하는가?"이다. 여러 가지 방법이 있으며, 일반적으로 문제에 따라 다르다.

기본적 접근법은 데이터 분포의 평균이 0이라고 가정하고 값을 0으로 설정하는 것이다. 더 나은 방법은 누락된 데이터를 주변 내용과 관련시키거나, 전체 열의 평균 또는 동일한 열에 있는 n개 요소의 평균을 사용하는 것이다. 또 다른 방법은 열의 중앙값 또는 가장 빈번한 값을 사용하는 것이다.

이외에도 이 책에서 다루지 않는 강인한 방법이나 k-최근접 이웃$^{k-nearest\ neighbors}$과 같은 고급 기술이 있다.

원핫 인코딩

수치 또는 범주 정보는 각 옵션이나 이산적인 결과에 대해 각각 정수로 나타낼 수 있다. 그러나 현재 옵션을 빈^{bin}으로 나타내는 것이 선호되는 경우가 있다. 이러한 형태의 데이터 표현을 원핫 인코딩$^{one\ hot\ encoding}$이라고 한다. 이 인코딩은 입력을 2진수의 배열로 변환하며, 변수의 값으로 지정된 값은 1로 표현되고 나머지 입력은 0으로 표현된다.

원래 값 [1, 3, 2, 4]을 원핫 인코딩으로 표현하면 다음과 같다.

```
[[0 1 0 0 0]
 [0 0 0 1 0]
 [0 0 1 0 0]
 [0 0 0 0 1]]
```

개념을 더 잘 이해하기 위해 정수 배열을 위한 원핫 인코더를 간단히 구현해보자.

```
import numpy as np
def get_one_hot(input_vector):
result = []
for i in input_vector:
    newval = np.zeros(max(input_vector))
    newval.itemset(i-1, 1)
    result.append(newval)
    return result
```

이 예제에서는 먼저 배열을 입력으로 받아 배열을 반환하는 get_one_hot 함수를 정의한다.

여기서 하는 일은 배열의 요소를 하나씩 받고 그 안에 있는 각 요소에 대해 배열에 있는 최댓값과 동일한 크기의 0 배열을 생성한다. 이렇게 하는 것은 모든 가능한 값에 대해 공간을 마련하기 위해서다. 그런 다음 현재 값을 나타내는 인덱스 위치에 1을 할당한다(1부터 시작하는 값을 0부터 시작하는 배열로 바꾸기 때문에 1을 뺀다).

방금 작성한 함수를 사용해보자.

```
get_one_hot([1,5,2,4,3])

#출력:
[array([1., 0., 0., 0., 0.]),
 array([0., 0., 0., 0., 1.]),
 array([0., 1., 0., 0., 0.]),
 array([0., 0., 0., 1., 0.]),
 array([0., 0., 1., 0., 0.])]
```

▌ 데이터셋 전처리

데이터 과학 분야에 처음 뛰어들었을 때 하는 공통적인 실수는 모든 데이터가 매우 정교하고 처음부터 좋은 특성을 가질 것으로 기대하는 것이다. 하지만 많은 경우에 있어서 그런 일은 잘 없다. 이는 null 데이터, 센서 에러에 의한 비정상적인 값, NAN, 레지스터 에러, 계측기 편향 값과 같은 많은 결함이 있으며, 이것은 모델을 잘못 피팅하게 하므로 반드시 없애야 한다.

이 단계의 두 가지 핵심 과정은 데이터 정규화 및 피처 크기 조정이다. 이 과정은 어파인affine이라는 간단한 변환을 적용하는 것으로 구성된다. 이것은 불균형 데이터를 좀 더 관리하기 쉬운 모양으로 매핑하고, 무결성을 유지하면서 더 나은 확률적 속성을 제공하며, 향후 적용된 모델을 개선한다. 표준화 기법의 공통 목표는 다음과 같은 기법을 사용해 데이터 분포를 정규 분포에 가깝게 만드는 것이다.

정규화 및 피처 크기 조정

데이터셋 전처리에서 매우 중요한 단계 중 하나는 정규화 및 피처 크기 조정이다. 데이터 정규화를 통해 최적화 기법, 특히 반복적인 기법을 사용할 때보다 잘 수렴하고 데이터를 쉽게 관리할 수 있게 한다.

정규화 또는 표준화

이 기법은 데이터셋에 정규 분포의 특성, 즉 평균 0과 표준 편차 1을 부여하는 것을 목표로 한다.

이러한 속성을 얻는 방법은 데이터셋 샘플에서 다음 수식을 사용해 z 점수를 계산하는 것이다.

$$z = \frac{x - \mu}{\sigma}$$

이 새로운 개념을 MPG 데이터셋 파일을 읽고 scikit-learn을 통해 시각화하고 실습해보자.

이 데이터셋은 갤런당 도시 사이클 연료 소비량city-cycle fuel consumption을 마일로 표시하고 있으며, mpg, 실린더, 변위, 마력, 중량, 가속, 모델 연도, 원점 및 자동차 이름 등의 피처를 포함한다.

```
from sklearn import preprocessing
import pandas as pd
```

```
import numpy as np
import matplotlib.pyplot as plt

df = pd.read_csv("data/mpg.csv")
plt.figure(figsize=(10,8))
print(df.columns)
partialcolumns = df[['acceleration', 'mpg']]
std_scale = preprocessing.StandardScaler().fit(partialcolumns)
df_std = std_scale.transform(partialcolumns)
plt.scatter(partialcolumns['acceleration'], partialcolumns['mpg'],
        color="grey", marker='^')
plt.scatter(df_std[:,0], df_std[:,1])
```

다음 그림은 정규화되지 않은 데이터와 정규화된 데이터를 비교할 수 있다.

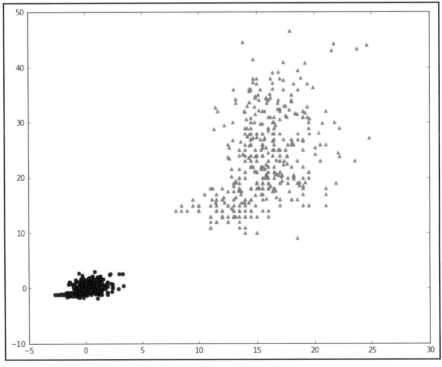

원래의 데이터셋 및 정규화된 데이터셋

평가 시 결과 데이터를 역정규화(denormalizing)를 해서 데이터의 특성을 잃지 않게 하는 것은 중요하며, 특히 모델이 회귀에 적용됐을 때 이 과정이 없으면 회귀된 데이터는 의미가 없다.

▌ 모델 정의

한 단어로 머신 러닝 과정을 요약한다면 모델이 될 것이다. 이는 머신 러닝으로 하려는 것이 실제를 간단하게 표현하는 추상화 혹은 모델을 구축하려는 것이기 때문이다. 그래서 훈련된 모델로 실생활 문제를 해결할 수 있다.

거의 매일 모델이 제안돼 그 수가 늘어나고 있으며, 사용할 모델을 선택하는 작업이 점차 어려워지고 있다. 그러나 수행하려는 작업 유형과 입력 데이터 유형에 따라 메소드를 그룹화해 일반적인 근사를 할 수 있다. 그렇게 하면 이 문제는 몇 개의 옵션 중에서 선택하는 문제로 단순화된다.

올바른 질문하기

너무 많이 일반화될 위험이 있으므로 다음과 같이 모델에 대한 의사 결정 문제를 요약해보자.

- 아무런 힌트가 없거나 아주 조금 힌트가 있을 때 특성을 기반으로 정보를 그룹화해 데이터의 특징을 파악하려 하는가? 이것은 클러스터링 기술의 영역이다.
- **가장 기본적인 질문:** 변수의 즉각적인 결과를 예측하거나, 데이터에 태그를 지정하거나, 그룹으로 분류 하려고 하는가? 전자의 경우에는 회귀 문제를 다루고 있다. 후자일 경우에는 분류 문제의 영역이다.

- 앞의 질문에 대한 답을 냈고 첫 번째 문제라면 다음 질문을 해야 한다. 데이터가 순차적인가, 혹은 순서를 고려해야 하는가? 순환 신경망을 이 경우에 사용할 수 있다.
- 비클러스터링 기법을 살펴보자. 데이터 또는 패턴이 공간적으로 발견되는가? 합성곱 신경망은 이러한 종류의 문제에 대한 일반적인 출발점이다.
- 대부분의 경우(정렬이 안 된 데이터)에 함수를 단일 변수 또는 다변수 함수로 나타낼 수 있다면 선형, 다항식 또는 로지스틱 회귀를 적용할 수 있다. 모델을 업그레이드하고자 한다면 다층 신경망이 좀 더 복잡한 비선형 해를 지원한다.
- 얼마나 많은 차원 및 변수를 사용하고 있는가? 덜 중요하지 않은 특징은 제외하고 가장 유용한 특징들(그리고 데이터 차원들)을 추출하기를 원하는가? 이것은 차원 축소 기법의 영역이다.
- 목표에 도달하는 일련의 단계를 만드는 전략을 배우고 싶다면? 이것은 강화 학습 분야에 속한다. 이 방법 중 어떤 것도 연구에 적합하지 않다면 아주 많은 기술들을 살펴보고 추가 분석을 해야 한다.

 이후 장들에서는 좀 더 강력한 기준에 근거해 의사 결정을 내리는 방법과 데이터에 모델을 적용하는 것에 대한 추가 정보를 얻을 수 있을 것이다. 이 절에서 설명한 간단한 기준과 답들이 적합하지 않다면 8장에서 고급 모델을 확인할 수 있다.

▎손실 함수 정의

이 머신 러닝 단계는 매우 중요하다. 이 과정에서 모델의 품질에 대한 측정 방법을 제공하고, 잘못 선택하면 모델의 정확성 또는 수렴 속도 면에서 효율성이 떨어질 수 있기 때문이다.

손실 함수를 간단히 표현하면 모델의 예상 값에서 실제 예상 값까지의 거리를 측정하는 함수다.

거의 모든 모델의 목적이 오차 함수를 최소화하는 것을 고려한다면 이를 위해서는 미분 가능해야 하며, 오차 함수의 미분은 가능하면 간단해야 한다.

또 다른 사실은 모델이 점차 복잡해지면 오차의 미분도 더 복잡해질 것이므로 미분에 대한 해를 반복적인 방법을 이용해 근사해야 한다는 점이다. 그중 하나는 잘 알려진 그래디언트 디센트다.

▌ 모델 피팅 및 평가

머신 러닝 과정에서 이 부분은 모델과 데이터가 필요하며, 모델을 훈련하고 검증하는 단계다.

데이터셋 분할

모델을 훈련할 때 일반적으로 제공된 모든 데이터를 세 개의 세트로 분할한다. 훈련 세트는 실제로 모델의 파라미터를 조정하는 데 사용되며, 검증 세트는 해당 데이터를 다른 모델에 적용해 모델을 비교하는 데 사용되고(모델 및 아키텍처가 하나만 있는 경우에는 무시할 수 있음), 테스트 세트는 선택한 모델의 정확도를 측정하는 데 사용된다. 이 분할의 비율은 일반적으로 70/20/10이다.

일반적인 훈련 용어: 반복, 일괄 처리 및 세대

모델을 학습할 때 반복 최적화의 요소들을 표현하는 몇 가지 일반적인 용어가 있다.

- 반복iteration은 기울기 오차를 계산하고 모델 파라미터를 조정하는 하나의 과정

으로 정의된다. 데이터가 샘플 그룹으로 제공되면 이 그룹 각각을 배치^{batch}라고 한다.

- 배치에는 전체 데이터셋(일반적인 배치)이 포함되거나, 전체 데이터셋이 전달될 때까지 작은 부분만을 포함(미니 배치)할 수 있다. 배치당 샘플 수를 배치 크기^{batch size}라고 한다.
- 전체 데이터셋을 한 번 전달하는 것을 세대^{epoch}라고 한다.

훈련 유형: 온라인 및 배치 처리

훈련 과정은 입력 데이터 및 오차 최소화 결과에 따라 데이터셋을 반복하고 모델의 파라미터를 조정하는 방법을 다양하게 제공한다.

데이터셋은 훈련 단계에서 다양한 방식으로 여러 번 평가될 수 있다.

파라미터 초기화

적절하게 훈련을 시작하기 위해 가장 효과적인 값으로 모델 가중치를 초기화해야 한다. 일반적으로 tanh 활성화 함수를 가진 신경망은 [-1, 1] 또는 [0, 1] 범위에서 주로 민감하다. 이런 이유 때문에 데이터를 정규화하는 것이 중요하며, 파라미터도 해당 범위 내에 있어야 한다.

모델 파라미터는 모델이 수렴하기 위해 유용한 초깃값을 갖고 있어야 한다. 훈련을 시작할 때 한 가지 중요한 사항은 모델 파라미터(일반적으로 가중치라고 부른다)에 대한 초기화 값이다. 일반적인 초기화 규칙은 0으로 변수를 초기화하지 않는데, 0으로 초기화하면 최적화가 안 되기 때문이다. 일반적으로 사용하는 방법은 모든 변수 값에 대해 정규 임의 분포를 사용하는 것이다.

NumPy를 사용해 다음 코드처럼 계수 벡터를 초기화한다.

```
mu, sigma = 0, 1
dist = np.random.normal(mu, sigma, 1000)
>>> dist = np.random.normal(mu, sigma, 10)
>>> print(dist)
[ 0.32416595 1.48067723 0.23039378 -0.59140674 1.65827372 -0.8241832
 0.86016434 -0.05996878 2.2855467 -0.19759244]
```

 이 단계에서 발생할 수 있는 문제의 원인은 모델의 모든 파라미터를 0으로 설정하는 것이다. 일반적으로 많은 최적화 기법이 대략적인 최솟값에 가중치를 곱한다. 따라서 0으로 곱하면 바이어스 항을 제외하고는 모델의 변경이 일어나지 않는다.

▌ 모델 구현 및 결과 해석

훈련 및 테스트 세트에 있지 않는 데이터에 동작하지 않는 모델은 유용하지 않다. 이와 같은 경우는 모델이 제품으로 배포되는 시기에 발생한다.

일반적으로 이 단계에서는 모든 모델의 연산과 훈련된 가중치를 로드하고, 새로운 알 수 없는 데이터를 기다린다. 데이터가 들어오면 모델의 모든 연쇄 함수를 통과하고 출력 계층이나 연산의 결과를 웹, 표준 출력 등으로 알려준다.

그리고 최종 작업을 수행한다. 이 작업은 모델의 결과가 실세계, 현재 조건에서 제대로 동작하는지를 지속적으로 확인하는 작업이다. 생성 모델 예측의 경우 적합성을 좀 더 쉽게 이해할 수 있는데, 이 경우에는 일반적으로 목표가 이전에 알려진 항목 값과 비슷하기 때문이다.

회귀 메트릭

회귀 메트릭의 경우 회귀 모델의 적합성에 대한 간결한 아이디어를 제공하기 위해 여러 지표가 계산된다. 다음은 주요 메트릭 목록이다.

평균 절대 오차

mean_absolute_error 함수는 평균 절대 오차, 절대 오차 손실의 기댓값에 해당하는 위험 메트릭, 또는 1-norm 손실을 계산한다.

$\hat{y}_i$가 i번째 샘플의 예측 값이고 y_i가 해당 참값이면 n 샘플에 대해 추정된 **평균 절대 오차**^{MAE, mean absolute error}는 다음과 같이 정의된다.

$$MAE\left(y, \hat{y}\right) = \frac{1}{n_{samples}} \sum_{i=0}^{n_{samples}-1} \left|y_i - \hat{y}_i\right|$$

중앙값 절대 오차

중앙값 절대 오차는 이상 데이터에 대해 강하기 때문에 특히 흥미롭다. 손실은 목표와 예측 사이 차의 절댓값의 중앙값을 취해 계산한다.

$\hat{y}_i$가 i번째 샘플의 예측된 값이고 y_i가 해당 참값이면 n개 샘플에 대해 추정된 중앙값 절대 오차는 다음과 같이 정의된다.

$$MedAE\left(y, \hat{y}\right) = median\left(\left|y_1 - \hat{y}_1\right|, ..., \left|y_n - \hat{y}_n\right|\right)$$

평균 제곱 오차

평균 제곱 오차^{MSE, mean squared error}는 제곱된(2차) 오차 손실의 기댓값과 동일한 위험 메트릭이다.

$\hat{y}_i$가 i번째 샘플의 예측된 값이고 y_i가 해당 참값이면 n개 샘플에 대해 추정된 MSE는 다음과 같이 정의된다.

$$MSE\left(y, \hat{y}\right) = \frac{1}{n_{samples}} \sum_{i=0}^{n_{samples}-1} \left(y_i - \hat{y}_i\right)^2$$

분류 메트릭

분류 작업은 오차 추정을 위해 다른 규칙을 이용하는 것을 의미한다. 이것의 장점은 출력의 수가 이산적이므로 예측이 실패했는지 여부를 정확하게 결정할 수 있다는 것이다. 이것을 바탕으로 주요 지표들을 만들 수 있다.

정확도

정확도는 모델에 대한 올바른 예측의 비율 또는 개수를 계산한다. 다중 레이블 분류에서 이 함수는 부분집합의 정확도를 반환한다.

샘플에 대한 예상 레이블 집합 전체가 실제 레이블 집합과 정확히 일치하면 부분집합의 정확도는 1.0이며 그렇지 않으면 0.0이다.

$\hat{y}_i$가 i번째 샘플의 예측된 값이고 y_i가 해당 참값이면 n개의 샘플에 대한 올바른 예측의 비율은 다음과 같이 정의된다.

$$accuracy\left(y, \hat{y}\right) = \frac{1}{n_{samples}} \sum_{i=0}^{n_{samples}-1} 1\left(\hat{y}_i = y_i\right)$$

정밀도 점수, 재현율 및 F-측정

정밀도 점수$^{\text{Precision score}}$는 다음과 같다.

$$정밀도 = \frac{t_p}{t_p + f_p}$$

여기서 t_p는 참 긍정$^{\text{true positives}}$의 수이고, f_p는 거짓 긍정$^{\text{false positives}}$의 수다. 정밀도는 부정^{negative}인 샘플을 긍정^{positive} 샘플이라고 표시하지 않을 수 있는 분류기의 능력이다. 가장 좋은 값은 1이고 최악의 값은 0이다.

재현율^{recall}은 다음과 같다.

$$재현율 = \frac{t_p}{t_p + f_n}$$

여기서 t_p는 참 긍정의 수이고, f_n은 거짓 부정$^{\text{false negative}}$의 수다. 재현율은 모든 긍정 샘플을 찾을 수 있는 분류기의 능력으로 설명할 수 있다. 이 값의 범위는 1(최적)에서 0까지다.

F-측정(F_β 및 F_1 측정)은 정밀도 및 재현율의 특별한 종류의 평균(가중 조화 평균)으로 해석할 수 있다. F_β 측정값의 가장 좋은 값은 1이며, 최악의 점수는 0이다. β = 1일 때 F_β와 F_1은 동일하며 재현율과 정밀도는 동일하게 중요하다.

$$F_\beta = (1 + \beta^2) \frac{정밀도 \cdot 재현율}{\beta^2 정밀도 + 재현율}$$

혼동 행렬

모든 분류 작업은 새로운 알려지지 않은 데이터에 대한 레이블이나 태그를 예측하는 것을 목표로 한다. 분류의 정확성을 보여주는 매우 효율적인 방법은 [분류된 샘플,

84

실제 값] 쌍과 어떻게 예측이 이뤄지는가를 자세히 보여주는 혼동 행렬을 사용하는 것이다.

행렬의 주대각선은 1.0이어야 한다. 즉, 모든 예상 값은 실제 값과 일치해야 한다.

다음 코드 예제에서는 예측 및 실제 값을 임의로 만들고, 최종 데이터의 혼동 행렬을 생성한다.

```python
from sklearn.metrics import confusion_matrix
import matplotlib.pyplot as plt
import numpy as np
y_true = [8,5,6,8,5,3,1,6,4,2,5,3,1,4]
y_pred = [8,5,6,8,5,2,3,4,4,5,5,7,2,6]
y = confusion_matrix(y_true, y_pred)
print(y)
plt.imshow(confusion_matrix(y_true, y_pred), interpolation='nearest',
        cmap='plasma')
plt.xticks(np.arange(0,8), np.arange(1,9))
plt.yticks(np.arange(0,8), np.arange(1,9))
plt.show()
```

결과는 다음과 같다.

```
[[0 1 1 0 0 0 0 0]
 [0 0 0 0 1 0 0 0]
 [0 1 0 0 0 0 1 0]
 [0 0 0 1 0 1 0 0]
 [0 0 0 0 3 0 0 0]
 [0 0 0 1 0 1 0 0]
 [0 0 0 0 0 0 0 0]
 [0 0 0 0 0 0 0 2]]
```

그리고 이 값에 대한 혼동 행렬의 그래픽 표현은 다음과 같다.

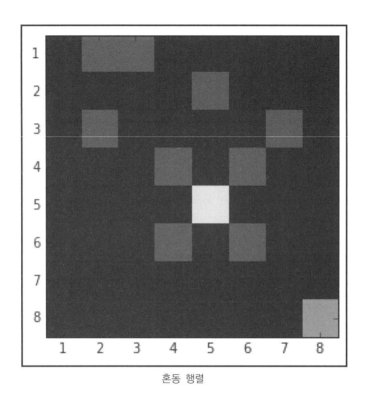

혼동 행렬

이미지 (5, 5)에서는 세 개, (8, 8)에서는 두 개의 옳은 예측 값을 내며, 높은 정확도를 내는 것을 볼 수 있다. 이처럼 정확도 분포는 이 그래프를 분석해서 직관적으로 알 수 있다.

클러스터링 품질 측정

답이 없이 데이터를 레이블링하는 방법인 비지도 학습 기술은 모델에 대한 확실한 메트릭을 만드는 것이 어렵다. 그럼에도 불구하고 이러한 종류의 기술을 구현하기 위한 여러 가지 측정 방법이 있다. 이 절에는 가장 잘 알려진 방법을 알아본다.

실루엣 계수

실루엣 계수는 데이터셋의 레이블을 알 필요가 없는 측정 방법이다. 이 방법은 클러스터 사이의 분리에 대한 아이디어를 제공한다.

이 계수는 다음과 같은 두 개의 다른 요소로 구성된다.

- 샘플과 동일한 클래스에 있는 모든 지점 간의 평균 거리(a)
- 샘플과 가장 가까운 클러스터에 있는 모든 지점간의 평균 거리(b)

이 계수 s는 다음과 같이 정의된다.

$$s = \frac{b-a}{\max(a,b)}$$

> ℹ️ 실루엣 계수는 클래스 수가 최소 2인 경우에만 정의되고, 전체 샘플 세트에 대한 계수는 모든 샘플에 대한 계수의 평균값이다.

동질성, 완전성 및 V- 측정값

동질성Homogeneity, 완전성completeness 및 V-측정V-measure은 클러스터링 연산 품질에 관한 세 가지 주요 지표다. 다음 수식들에서는 클러스터 수 K, 클래스 수 C, 총 샘플 수 N, 클러스터 k에 있는 클래스 c의 요소 수 a_{ck}를 사용한다.

동질성은 단일 클러스터와 관련된 단일 클래스의 샘플 비율을 측정한다. 하나의 클러스터에 포함되는 클래스 수가 적으면 적을수록 좋다. 하한은 0.0이어야 하고 상한은 1.0(더 높을수록 좋다)이어야 하며, 이에 대한 수식은 다음과 같이 표현된다.

$$H(C) = -\sum_{c=1}^{|C|} \frac{\sum_{k=1}^{|K|} a_{ck}}{N} \log \frac{\sum_{k=1}^{|K|} a_{ck}}{N}$$

완전성은 동일한 클러스터에 할당된 클래스 구성원 비율을 측정한다.

$$H\left(K\right) = -\sum_{k=1}^{|K|} \frac{\sum_{c=1}^{|C|} a_{ck}}{N} \log \frac{\sum_{c=1}^{|C|} a_{ck}}{N}$$

V-측정은 동질성과 완전성의 조화 평균이며, 다음 수식으로 표현된다.

$$H\left(K\right) = -\sum_{k=1}^{|K|} \frac{\sum_{c=1}^{|C|} a_{ck}}{N} \log \frac{\sum_{c=1}^{|C|} a_{ck}}{N}$$

▌ 요약

2장에서는 머신 러닝 과정과 관련된 모든 주요 단계를 살펴봤다. 이 단계들은 책에서 간접적으로 사용할 것이며, 이 과정이 앞으로 하려는 작업의 구조화에 도움이 되길 바란다.

3장에서는 관심 있는 데이터셋을 자동으로 다루기 위한 효과적이고 간단한 방법을 알아본다.

▌ 참고 자료

- Lichman, M.(2013). UCI Machine Learning Repository(http://archive.ics.uci.edu/ml). Irvine, CA: University of California, School of Information and Computer Science.
- Quinlan,R.(1993). Combining Instance-Based and Model-Based Learning. In Proceedings on the Tenth International Conference of Machine

Learning, 236-243, University of Massachusetts, Amherst. Morgan Kaufmann.

- Townsend, James T. Theoretical analysis of an alphabetic confusion matrix. Attention, Perception, & Psychophysics 9.1(1971): 40-50.

- Peter J. Rousseeuw(1987). Silhouettes: a Graphical Aid to the Interpretation and Validation of Cluster Analysis. Computational and Applied Mathematics 20: 53-65.

- Kent, Allen, et al, Machine literature searching VIII. Operational criteria for designing information retrieval systems. Journal of the Association for Information Science and Technology 6.2(1955): 93-101.

- Rosenberg, Andrew, and Julia Hirschberg, V-Measure: A Conditional Entropy-Based External Cluster Evaluation Measure. EMNLP-CoNLL. Vol. 7. 2007.

03

클러스터링

축하한다! 이 책에서 다루는 많은 주제를 알아봤고, 소개하는 부분을 마쳤으며, 이제 많은 머신 러닝 모델의 내부 동작을 이해하는 여정을 시작할 준비가 됐다.

3장에서는 관심 있는 데이터 집합체를 자동으로 다루기 위한 효과적이고 간단한 방법을 알아볼 것이며, 데이터에서 그룹을 찾는 것을 시작할 것이다.

3장에서 다루는 내용은 다음과 같다.

- 데이터 구조와 작업 과정에 대한 설명과 함께 K-평균 알고리즘 예제를 한 줄씩 구현
- 전체 과정을 설명하기 위한 코드 예제를 사용해 K-최근접 이웃$^{K-NN}$ 알고리즘에 대한 철저한 설명

- 샘플 집합에 있는 그룹의 최적 개수를 결정하기 위한 추가적인 방법

사람처럼 그룹화

일반적으로 사람은 일상적인 요소를 유사한 특징을 갖는 것으로 그룹화하는 경향이 있다. 이 과정을 알고리즘으로 표현할 수 있다. 초기에 레이블이 지정되지 않은 데이터셋에 적용할 수 있는 가장 간단한 연산 중 하나는 요소를 공통된 특징으로 그룹화하는 것이다.

설명한 것처럼 클러스터링은 요소들을 간단히 범주화하는 데 적용되며, 머신 러닝 분야에서 보통 처음에 다뤄지는 주제다.

그러나 필자는 이 분야를 연구해볼 것을 추천한다. 해당 커뮤니티에서는 완전한 일반화가 있기 전에 현재 모델의 성능이 정체기에 도달할 것이라는 의견이 있다. 그러면 다음 AI의 후보는 어떤 방법일까? 여기서 설명하는 방법을 변형해 정교한 형태를 가진 비지도 방법이다.

주제에 벗어나지 말고 가장 단순한 분류 기준인 공통 중심까지의 거리를 사용하는 K-평균$^{K\text{-means}}$부터 시작하자.

클러스터링 과정 자동화

클러스터링을 위한 정보 그룹화는 모든 기술에서 공통된 패턴이 있다. 기본적으로 초기화 단계가 있고, 새로운 요소를 반복적으로 삽입한 후 새로운 그룹 관계가 업데이트된다. 이 과정은 그룹화가 완료되는 정지 기준을 만족할 때까지 진행된다. 다음 다이어그램은 이 과정을 보여준다.

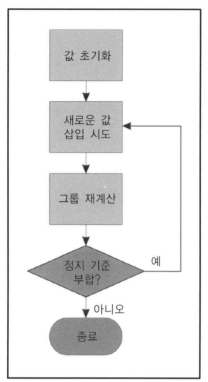

클러스터링 알고리즘의 일반적인 구성

전반적인 과정에 대한 명확한 이해를 마친 후에 이 구조가 적용되는 몇 가지 경우에 대해 알아보자. K-평균부터 시작하자.

▌ 공통 중심점 찾기: K-평균

시작해보자! 필요한 준비 과정을 마쳤으니 이제 데이터에 대해 배워보자. 여기서는 실생활 데이터에 레이블을 붙이려고 한다.

이 경우에는 다음과 같은 요소가 있다.

- 숫자 형태를 가진 N차원의 요소 세트

- 미리 정한 그룹의 개수(이것은 경험적으로 추측할 수밖에 없기 때문에 까다롭다)
- 각 그룹을 대표하는 점들의 모음(중심점[centroids]이라고 함)

이 방법의 주목적은 데이터셋을 임의의 수의 클러스터로 분할하는 것이다. 각 클러스터는 중심으로 나타낼 수 있다. **중심점**이라는 단어는 수학 분야에서 시작돼 미적분과 물리학에서 사용됐다. 삼각형의 중심점 계산은 고전적으로 다음과 같다.

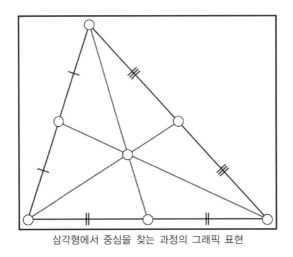

삼각형에서 중심을 찾는 과정의 그래픽 표현

R_n에 존재하는 k개의 점 $x_1,\ x_2,\ ...,\ x_k$에 대한 유한 집합의 중심점은 다음과 같다.

$$C = \frac{\mathbf{x}_1 + \mathbf{x}_2 + \cdots + \mathbf{x}_k}{k}$$

중심의 분석적 정의

이제 이 중심 메트릭을 정의했으므로 "이것은 데이터 요소의 그룹화와 어떤 관계가 있을까?"라고 질문해보자.

이에 답하기 위해서는 먼저 중심점까지의 거리에 대한 개념을 이해해야 한다. 거리에는 많은 정의가 있고, 선형, 2차 및 다른 형식이 될 수 있다.

이제 주요 거리 유형 중 일부를 살펴본 다음, 일반적으로 사용되는 거리 유형에 대해 알아보자.

 여기에서는 측정 유형을 정의할 때 2D 변수를 사용해 이 과정을 단순화한다.

다음과 같은 거리 유형을 살펴보자.

- **유클리드 거리**$^{\text{Euclidean distance}}$: 이 거리 기준은 두 점 사이의 직선 형태로 거리를 계산하며, 다음 수식을 가진다.

$$\sqrt{\left(x_1 - x_2\right)^2 + \left(y_1 - y_2\right)^2}$$

- **체비셰프 거리**$^{\text{Chebyshev distance}}$: 이 거리는 모든 축을 따르는 최대 거리와 같다. 이는 체스^{chess} 거리라고도 하는데, 왕이 처음 지점에서 최종 지점으로 이동하는 데 필요한 최소한의 이동량을 제공하기 때문이다. 이는 다음 수식에 의해 정의된다.

$$\max\left(\left|x_1 - x_2\right|, \left|y_1 - y_2\right|\right)$$

- **맨해튼 거리**$^{\text{Manhattan distance}}$: 이 거리는 단위 사각형이 있는 도시의 한 지점에서 다른 지점으로 이동하는 것과 같다. 이 L1 유형 거리는 수평 방향으로 이동한 값과 수직 방향으로 이동한 값을 합한 것이다. 수식은 다음과 같다.

$$\left|x_1 - x_2\right| + \left|y_1 - y_2\right|$$

다음 다이어그램은 여러 유형의 거리에 대한 수식을 자세히 설명한다.

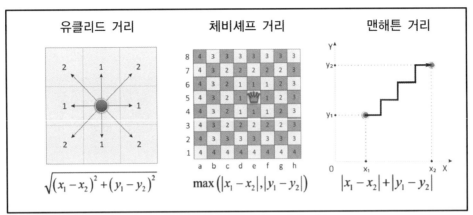

가장 잘 알려진 거리 유형의 그래픽 표현

K-평균에서 사용하는 거리는 유클리드 거리이며, 이는 계산하기 쉽고 고차원에서도 잘 적용된다.

모든 요소가 갖춰졌으므로 주어진 샘플에 레이블을 할당하는 데 사용할 기준을 정의 해야 한다. 다음 문장으로 학습 규칙을 요약해보자.

"샘플은 가장 가까운 중심으로 표현되는 그룹에 할당될 것이다."

이 방법의 목표는 샘플과 샘플을 포함하는 클러스터 중심과의 거리 제곱의 합을 최소 화하는 것이다. 이는 관성 최소화minimization of inertia라고도 알려져 있다.

다음 다이어그램에서는 일반적인 K-평균 알고리즘을 덩어리진 그룹에 적용한 결과를 볼 수 있다. 이때 클러스터의 수는 3으로 사전에 정했다.

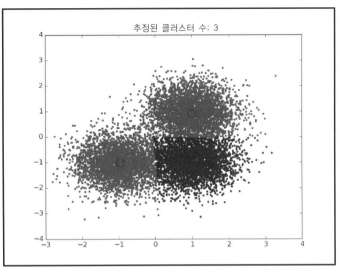

추정된 클러스터 수: 3

초기에 세 개의 중심점을 설정한 후 K-평균을 이용해 클러스터링한 결과

K-평균은 데이터 집합이 어떻게 구성되는지에 대한 간단한 아이디어를 얻는 데 사용할 수 있는 간단하고 효과적인 알고리즘이다. 차이점은 동일한 클래스에 속한 객체가 동일한 거리 중심을 공유한다는 점이다. 이 중심은 새 샘플을 추가할 때마다 점진적으로 업그레이드된다.

K-평균의 장단점

이 방법의 장점은 다음과 같다.

- 매우 잘 스케일된다(대부분의 계산은 병렬로 실행될 수 있다).[1]
- 매우 광범위한 응용 분야에서 사용됐다.
- 단순한 방법이지만 약간의 비용이 필요하다(완벽한 방법은 없다).
- 사전 지식이 필요하다(가능한 클러스터 수를 사전에 알아야 한다).

---

1. 높은 차원, 많은 데이터에서도 잘 동작한다. - 옮긴이

- 이상치outlier 또한 다른 샘플과 같은 가중치를 가지므로 중심점 값을 왜곡할 수 있다.
- 형태가 볼록convex하고 등방성isotropic인 것으로 가정하기 때문에 덩어리진 형태를 갖지 않는 클러스터에서는 잘 동작하지 않는다.

K-평균 알고리즘 분해

K-평균 알고리즘의 메커니즘은 다음 순서도로 요약할 수 있다.

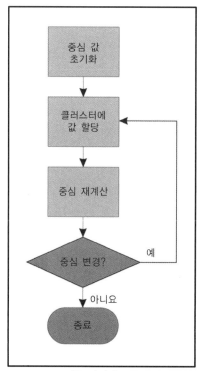

K-평균 과정의 흐름도

과정을 좀 더 자세히 살펴보자.

분류되지 않은 샘플로 시작해 K 요소를 초기 중심점으로 사용한다. 요소 목록에서 처음 요소를 취하는 알고리즘으로 단순화할 수 있다.

그런 다음 샘플과 첫 번째로 선택한 샘플 간의 거리를 계산하고, 첫 번째로 계산된 중심 값(또는 다른 대표 값)을 얻는다. 그림에서 움직이는 중심점을 볼 수 있으며, 더 직관적인(그리고 수학적으로 정확한) 중심 위치로 이동하는 것을 볼 수 있다.

무게 중심이 변경된 후에는 이동된 것을 기준으로 각각의 거리가 변경되며, 클러스터 구성원이 변경될 수 있다.

정지 조건을 만족하지 않는다면 이때가 중심점을 다시 계산하고 첫 번째 과정을 반복할 때다.

정지 조건은 다음과 같은 다양한 유형이 될 수 있다.

- n번 반복 이후. 반복 횟수를 아주 큰 값으로 설정할 수 있지만 이 경우에는 필요 없는 반복이 이뤄지고, 이것 때문에 늦게 수렴할 수도 있다. 또한 중심점이 안정적이지 않을 경우에 납득할 수 없는 결과를 얻을 수도 있다.
- 반복의 수렴에 대한 더 나은 기준은 전체 변화나 전체 클러스터 요소들 변화에서 중심점의 변화를 보는 것이다. 마지막 클러스터가 일반적으로 사용되므로 현재 클러스터에서 더 이상의 요소 변화가 없을 때 과정을 멈출 것이다.

 N 반복 조건은 최후의 수단으로 사용될 수도 있다. 많은 반복에서 변화가 관찰되지 않을 때 아주 긴 과정에 이를 수 있기 때문이다.

K-NN 클러스터링 과정을 시각적으로 요약하고, 단계를 거치면서 클러스터가 시간 경과에 따라 어떻게 변하는지 살펴보자.

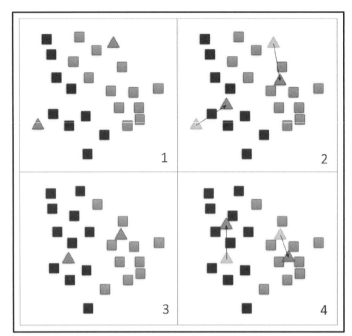

클러스터 재구성 루프의 그래픽 예

그림 1에서는 임의의 위치에 클러스터를 초기화하고 데이터를 가장 가까운 중심에 할당한다. 그림 2에서는 새로운 클러스터의 중심으로 중심점으로 조정한다. 그리고 안정적인 상태에 도달할 때까지 반복한다(그림의 3). 이 요소들의 집합들은 요소들로 이뤄지고, 이 집합은 변한다. 이것이 3장에서 실제적으로 구현하고자 하는 내용이다.

K-평균 구현

이 절에서는 K-평균의 개념을 실용적인 샘플로 매우 기본적인 개념에서부터 알아본다.

먼저 필요한 라이브러리를 불러온다. 알고리즘 이해를 향상하기 위해 numpy 라이브러리를 사용한다. 그런 다음 알고리즘의 그래픽 표현에 적합하다는 것으로 잘 알려진 matplotlib 라이브러리를 사용한다.

```
import numpy as np

import matplotlib
import matplotlib.pyplot as plt

%matplotlib inline
```

다수의 2D 요소와 후보 중심점을 생성한다. 중심점은 4개의 2D 요소다.

데이터셋을 생성하기 위해서는 일반적으로 난수 생성기가 사용되지만, 이 경우 편의상 샘플을 미리 정해진 숫자로 설정한다. 이렇게 하면 동일한 절차를 수동으로 반복할 수 있다.

```
samples = np.array([[1,2],[12,2],[0,1],[10,0],[9,1],[8,2],[0,10],[1,8],
        [2,9], [9,9],[10,8],[8,9] ], dtype=np.float)
centers = np.array([[3,2], [2,6], [9,3], [7,6]], dtype=np.float)
N = len(samples)
```

샘플 중심을 나타내자. 먼저 해당 축에 새로운 matplotlib 그림을 초기화할 것이다. fig 개체를 사용하면 모든 그림의 파라미터를 변경할 수 있다.

plt와 ax 변수 이름은 일반적으로 플롯과 축을 참조하기 위한 일반적인 방법이다.

그럼 샘플이 어떻게 생겼는지 알아보자. 이 작업은 matplotlib 라이브러리의 분산형으로 수행된다. 파라미터로 x 좌표, y 좌표, 크기(제곱된 점), 마커 유형 및 색상을 취한다.

 점(.), 원(o), 사각형(s) 같은 다양한 마커가 있다. 전체 목록을 보려면 다음 사이트를 방문하자.

https://matplotlib.org/api/markers_api.html

다음 코드 조각을 살펴보자.

```
fig, ax = plt.subplots()
ax.scatter(samples.transpose()[0], samples.transpose()[1], marker = 'o',
       s = 100)
ax.scatter(centers.transpose()[0], centers.transpose()[1], marker = 's',
       s = 100, color='black')
plt.plot()
```

이제 다음 그래프를 살펴보자.

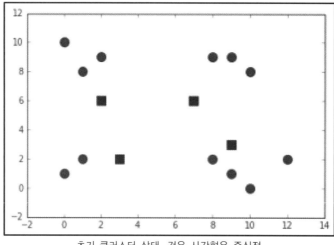

초기 클러스터 상태, 검은 사각형은 중심점

새로운 샘플이 주어졌을 때 이 샘플을 기존 중심점 하나에 할당하기 위해 이 샘플과
그 중심점들 간의 거리 리스트를 반환하고 중심점을 재계산하는 함수를 정의하자.

```
def distance(sample, centroids):
    distances = np.zeros(len(centroids))
    for i in range(0,len(centroids)):
        dist = np.sqrt(sum(pow(np.subtract(sample, centroids[i]),2)))
        distances[i] = dist
```

```
    return distances
```

이제 한 단계씩 보여줄 함수가 필요하다.

이 함수는 최대 12개의 서브플롯을 그릴 수 있으며, 플롯 번호 파라미터는 6 × 2 행렬의 위치를 결정한다(620은 왼쪽 위의 서브플롯, 621은 오른쪽과 같은 순서로 작성된다).

그 후에 각 그림에 대해 클러스터된 샘플의 산점도^{scatterplot}를 그리고, 현재 중심 위치를 그린다.

```
def showcurrentstatus(samples, centers, clusters, plotnumber):
    plt.subplot(620+plotnumber)
    plt.scatter(samples.transpose()[0], samples.transpose()[1], marker='o',
        s = 150, c=clusters)
    plt.scatter(centers.transpose()[0], centers.transpose()[1], marker='s',
        s = 100, color='black')
    plt.plot()
```

kmeans라고 불리는 다음 함수는 이전의 거리 함수를 사용해 샘플이 할당된 중심을 저장한다(1에서 K까지의 숫자가 된다).

메인 루프에서는 샘플 0에서 N으로 이동하고 각각에 대해 가장 가까운 중심을 찾고 클러스터 배열의 인덱스 n에 가장 가까운 중심 좌표를 할당하고, 샘플의 좌표를 현재 할당된 중심에 더한다.

그런 다음 각 중심마다의 할당된 샘플 수를 계산하기 위해 bincount 메소드를 사용하고, 각 클래스에 속한 요소들의 합을 이전 divisor 배열로 나눈다. 그러면 새로운 중심점을 얻을 수 있다.

```
def kmeans(centroids, samples, K, plotresults):
    plt.figure(figsize=(20,20))
```

```
distances = np.zeros((N, K))
new_centroids = np.zeros((K, 2))
final_centroids = np.zeros((K, 2))
clusters = np.zeros(len(samples), np.int)

for i in range(0,len(samples)):
    distances[i] = distance(samples[i], centroids)
    clusters[i] = np.argmin(distances[i])
    new_centroids[clusters[i]] += samples[i]
    divisor = np.bincount(clusters).astype(np.float)
    divisor.resize([K])
    for j in range(0,K):
    final_centroids[j] = np.nan_to_num(np.divide(new_centroids[j] ,
            divisor[j]))
    if(i>3 and plotresults==True):
        showcurrentstatus(samples[:i], final_centroids,
                clusters[:i], i-3)
    return final_centroids
```

이제 초기 샘플과 중심을 사용해 K-평균 과정을 시작할 때다. 현재 알고리즘은 클러스터가 최종 상태로 어떻게 변화하는지 보여준다.

```
finalcenters = kmeans(centers, samples, 4, True)
```

다음 스크린 샷을 살펴보자.

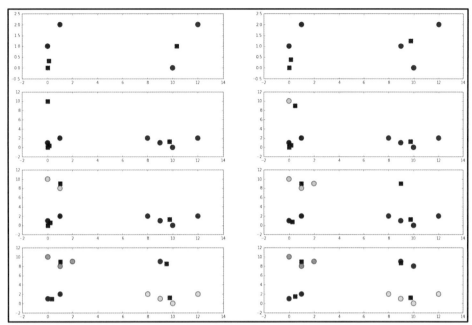

클러스터링 과정 묘사. 중심은 검은 사각형으로 표현함.

▌ 최근접 이웃

최근접 이웃K-NN, K-nearest neighbors은 클러스터링을 하는 또 다른 전통적인 방법이다. 전역적으로 대표적인 중심 샘플을 찾지 않고 샘플의 그룹을 만든다. 이때 각각의 새로운 샘플은 이웃과 동일한 클래스를 가질 것이라고 가정한다. 각각 샘플의 환경에서 가장 빈번한 클래스를 찾으며 환경을 확인한다.

K-NN의 역학

K-NN은 많은 구성으로 구현될 수 있지만 3장에서는 반지도 방식을 사용한다. 이미 할당된 특정 개수의 샘플부터 시작하고, 이후에 주요 기준main criteria을 사용해 클러스터 멤버십을 추측하는 과정을 거친다.

다음 다이어그램에서 알고리즘에 대해 자세히 설명한다. 다음과 같은 단계로 요약할 수 있다.

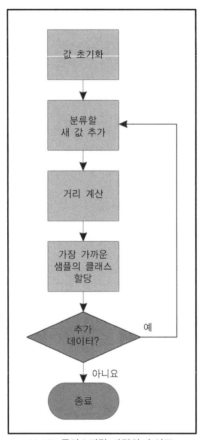

K-NN 클러스터링 과정의 순서도

다음처럼 모든 단계를 단순화된 형태로 진행해보자.

1. 이전에 알려진 샘플을 데이터 구조에 배치한다.
2. 분류할 다음 샘플을 읽고, 새 샘플에서부터 훈련 세트의 모든 샘플까지 유클리드 거리를 계산한다.
3. 유클리드 거리에 의해 가장 가까운 샘플의 클래스를 선택하고, 새로운 요소의

클래스를 결정한다. K-NN 방법은 K개의 가장 가까운 샘플의 투표를 이용한다.

4. 남아있는 샘플이 없어질 때까지 이 과정을 반복한다.

이 그림은 새로운 샘플이 어떻게 더해지는지에 대한 아이디어를 줄 것이다. 이 경우 단순화를 위해 K를 1로 설정한다.

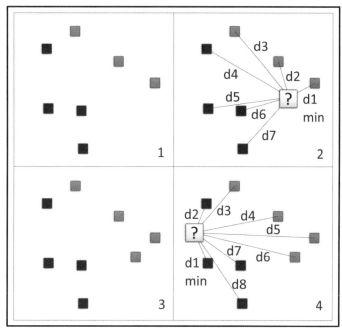

K-NN 루프의 적용 예

K-NN은 지금까지 다룬 구성 중 하나 이상으로 구현할 수 있지만, 3장에서는 반지도 접근법을 사용할 것이다.

샘플에 이미 할당된 특정 숫자로 시작해 클러스터에 속한 정도를 훈련 세트의 특성에 기초해 추측할 것이다.

K-NN의 장단점

이 방법의 장점은 다음과 같다.

- **간단함:** 파라미터를 조정할 필요가 없다.
- **훈련이 필요하지 않음:** 모델을 개선하기 위해서는 더 많은 훈련 예제만 필요하다.

단점은 다음과 같다.

계산 비용이 많이 든다. 원시적인 접근법으로는 캐싱이 구현되는 경우를 제외하고는 새로운 샘플과 모든 포인트 사이의 모든 거리가 계산돼야 한다.

▌ K-NN 샘플 구현

K-NN 방법의 간단한 구현을 위해 NumPy 및 Matplotlib 라이브러리를 사용한다. 또한 더 나은 이해를 위해 합성 데이터셋을 생성할 것이며, scikit-learn의 `make_blobs` 메소드를 사용할 것이다. 이 메소드는 잘 정의되고 분리된 정보 그룹을 생성하므로 구현할 때 참고할 수 있다.

필요한 라이브러리를 가져온다.

```
import numpy as np

import matplotlib
import matplotlib.pyplot as plt

from sklearn.datasets.samples_generator import make_blobs
%matplotlib inline
```

이제 이 예제를 위한 데이터 샘플을 생성할 차례다. make_blob의 파라미터는 그룹 샘플이 분산되는 방식을 제어하기 위한 샘플 수, 특징 또는 차원 수, 중심 또는 그룹의 수, 샘플의 셔플 여부 및 클러스터의 표준 편차다.

```
data, features = make_blobs(n_samples=100, n_features = 2, centers=4,
        shuffle=True, cluster_std=0.8)
fig, ax = plt.subplots()
ax.scatter(data.transpose()[0], data.transpose()[1], c=features,
        marker= 'o', s = 100)
plt.plot()
```

다음은 생성된 샘플 덩어리의 모습이다.

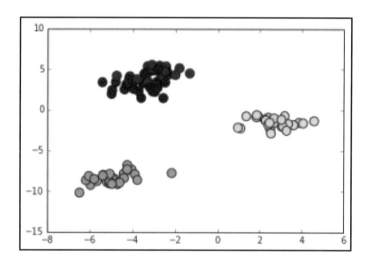

먼저 모든 새로운 요소의 이웃을 찾는 데 필요한 거리 함수를 정의하자. 기본적으로 하나의 샘플을 제공하고, 제공된 새 요소와 모든 해당 요소 사이의 거리를 반환한다.

```
def distance(sample, data):
    distances = np.zeros(len(data))
    for i in range(0,len(data)):
```

```
        dist=np.sqrt(sum(pow(np.subtract(sample, data[i]),2)))
        distances[i] = dist
    return distances
```

add_sample 함수는 새로운 2D 샘플, 현재 데이터셋 및 해당 샘플의 그룹을 표시하는 배열(이 경우 0에서 3)을 받는다. 이 경우 argpartition을 사용해 새 샘플의 가장 가까운 세 인접 요소의 인덱스를 얻고, 이를 사용해 특징 배열의 부분집합을 추출한다. 그런 다음 bincount는 세 부분집합 중 하나의 개수를 반환하고, argmax를 사용해 두 요소 세트 중에 요소가 가장 많은 그룹의 인덱스(이 경우 클래스 번호)를 선택한다.

```
def add_sample(newsample, data, features):
    distances = np.zeros((len(data),len(data[0])))
    #세 샘플과 현재 데이터 간의 거리 계산
    distances = distance(newsample, data)
    closestneighbors = np.argpartition(distances, 3)[:3]
    closestgroups = features[closestneighbors]
    return np.argmax(np.bincount(closestgroups))
```

그런 다음 메인 knn 함수를 정의한다. 이 함수는 추가할 새 데이터를 입력으로 받고, 데이터 및 특징 파라미터로 표현된 원래 분류 데이터를 사용해 새 요소의 클래스를 결정한다.

```
def knn(newdata, data, features):
    for i in newdata:
        test = add_sample(i, data, features);
        features = np.append(features, [test], axis=0)
        data = np.append(data, [i], axis=0)
    return data, features
```

마지막으로 이 과정을 시작할 시간이다. 이를 위해 x와 y차원 모두에서 −10, 10 범위의 새 샘플 세트를 정의하고 knn 루틴을 호출한다.

```
   newsamples = np.random.rand(20,2)*20-8.
>  finaldata, finalfeatures = knn(newsamples, data, features)
```

이제 최종 결과를 나타낼 시간이다. 먼저 랜덤 값보다 훨씬 더 모양을 갖춘 초기 샘플을 표현한 다음 빈 사각형(c = 'none')으로 표시된 최종 값을 표시해서 이 샘플들의 마커로 사용한다.

```
fig, ax = plt.subplots()
ax.scatter(finaldata.transpose()[0], finaldata.transpose()[1],
        c=finalfeatures, marker = 'o', s = 100)
ax.scatter(newsamples.transpose()[0], newsamples.transpose()[1], c='none',
        marker ='s', s = 100)
plt.plot()
```

다음 그래프를 살펴보자.

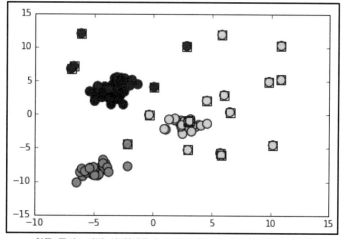

최종 클러스터링 상태(새롭게 분류된 항목은 사각형으로 표시됨)

이 그래프에서 세 개의 이웃을 가진 간단한 모델의 과정이 진행됨에 따라 그룹을 확인하고 수정하는 것을 볼 수 있다. 그래프에서 볼 수 있듯이 새로운 그룹은 반드시 원형일 필요가 없다. 들어오는 데이터가 진행되는 방식에 따라 변경한다.

기초를 넘어서

지금까지 두 가지 주요 클러스터링 기법의 사례를 알아봤으니, 나중에 사용할 수 있는 몇 가지 고급 메트릭과 기법을 살펴보자.

엘보우 기법

K-평균을 구현할 때 생기는 질문 중 하나는 "클러스터의 목표 개수가 데이터셋에 적합하거나 가장 대표적이라는 것을 어떻게 알 수 있을까?"이다.

이를 위한 엘보우 기법$^{elbow\ method}$이 있다. 이는 그룹 내에서 퍼진 정도를 측정하는 독특한 통계 기법으로 이뤄진다. K-평균 과정을 반복하면서 이뤄지는데, 초기 클러스터의 수를 증가시키면서 모든 그룹에 대해 클러스터 내부 거리를 계산한다.

일반적으로 이 방법은 매우 높은 값으로 시작한다(적절한 중심의 개수로 시작하는 경우는 제외). 그런 다음 값이 급격히 변하지 않는 지점에 도달하면 클러스터 내부의 거리가 갑자기 떨어지는 것을 발견할 것이다. 축하한다. 다음 그래프에서 굴절^{inflection}이라고 불리는 엘보우 지점을 발견할 수 있다.

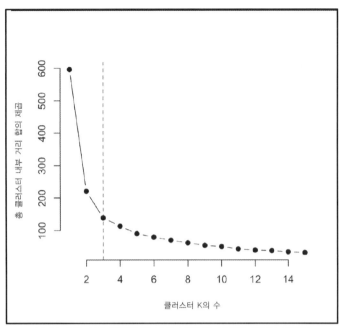

클러스터의 수가 증가할 때 오차 변화 및 굴절을 표현한 그래프

이 표시자의 정확도와 관련해 이 엘보우 기법은 수학적이 아닌 휴리스틱으로 정해지는 방법이지만, 올바른 클러스터의 수를 빠르게 추정하는 경우에 유용할 수 있다. 특히 어떤 점에서 커브가 갑자기 바뀔 때가 그렇다.

▌ 요약

3장에서는 단순하지만 실용적인 머신 러닝 모델을 복잡한 문제에 적용할 수 있도록 아주 실용적인 방법으로 접근했다

4장에서는 몇 가지 회귀 기술을 다루며, 지금까지 다루지 않은 새로운 형태의 문제를 풀어본다. 이 문제를 클러스터링 문제로 풀 수 있지만, 모르는 값을 근사하는 새로운 수학적 도구를 사용해 해결한다. 이 방법은 수학적 함수를 사용해 이전 데이터를 모델링하고 모델링된 함수를 기반으로 새로운 출력을 낸다.

▌ 참고 자료

- Thorndike, Robert L, Who belongs in the family?, Psychometrika18.4 (1953): 267-276.

- Steinhaus, H, Sur la division des corp materiels en parties. Bull. Acad. Polon. Sci 1(1956): 801-804.

- MacQueen, James, Some methods for classification and analysis of multivariate observations. Proceedings of the fifth Berkeley symposium on mathematical statistics and probability. Vol. 1. No. 14. 1967.

- Cover, Thomas, and Peter Hart, Nearest neighbor pattern classification. IEEE transactions on information theory 13.1(1967): 21-27.

04

선형 및 로지스틱 회귀

공통된 특징을 사용해 비슷한 정보를 그룹화해서 통찰한 후에 수학적으로 많은 량의 정보를 압축할 수 있는 함수를 이용해 데이터를 설명할 방법을 찾는다. 그리고 데이터 샘플이 이전 속성을 유지한다고 가정한다면 이후 결과를 예측할 수 있다.

4장에서 다루는 내용은 다음과 같다.

- 선형 회귀의 단계적 구현
- 다항식 회귀
- 로지스틱 회귀와 구현
- 소프트맥스 회귀

▌ 회귀 분석

4장은 일반적인 원리에 대한 설명으로 시작한다. 그럼 근본적인 질문을 해보자. 회귀란 무엇인가?

모든 사항을 고려하기 전에 회귀는 기본적으로 **통계 과정**이다. '소개' 절에서 봤듯이 회귀는 특정 확률 분포를 갖는 데이터셋과 관련이 있다. 간단히 말하면 특성을 알고자하는 데이터 모음과 관련이 있다.

회귀의 경우에는 어떤 것을 알고자 하는 걸까? 제공된 데이터에 따라 최적으로 조정되는 독립 변수와 종속 변수 간의 관계를 결정한다. 이 변수 간 관계를 설명하는 함수를 회귀 함수라 한다.

현재 데이터를 모델링하는 데 사용할 수 있는 많은 함수 유형이 있으며, 가장 일반적인 예는 선형, 다항식 및 지수 함수다.

이 기법들은 목적 함수를 정하는 것을 목표로 하며, 우리의 경우에는 **파라미터 회귀** 기법이라고 불리는 기법으로 미지의 함수의 최적 파라미터를 찾는다.

회귀의 응용

회귀는 일반적으로 미래의 변수 값을 예측하기 위해 적용되며, 데이터 분석 프로젝트에서 초기 데이터 모델링에 매우 일반적으로 사용되는 기술이다. 하지만 과정을 최적화하고, 관련돼 있지만 흩어진 데이터 간의 공통점을 찾는 데에도 사용할 수 있다.

다음은 회귀 분석을 적용할 수 있는 예를 나열한 것이다.

- 사회 과학 분야에서 실업과 인구 같은 모든 종류 메트릭의 미래 가치를 예측
- 경제학에서 미래의 인플레이션 비율, 금리 및 유사한 지표를 예측
- 지구 과학에서 오존층의 두께와 같은 미래의 현상을 예측
- 기업의 일반적인 요소와 생산 처리량, 수입, 지출 등에 대한 확률적인 추산

- 두 현상 사이의 의존성과 관련성 입증
- 반응 실험에서 성분의 최적 혼합 찾기
- 위험 포트폴리오 최소화
- 기업의 매출이 광고 지출의 변화에 얼마나 영향을 받는지 이해
- 주식 가격이 금리의 변화에 어떻게 영향을 받는지 확인

정량적 변수와 정성적 변수

일상적인 데이터 작업에서 만나는 요소는 동일하지 않으며, 특성에 따라 특별한 처리가 필요하다. 문제 변수가 얼마나 적절한지를 파악하는 데 사용할 수 있는 중요한 구분 방법은 다음 기준을 사용해 데이터 유형을 정량적 및 정성적 데이터 변수로 나누는 것이다.

- **정량적 변수:** 물리적 변수 또는 측정의 영역에서 일반적으로 실수 또는 정량적 변수로 작업한다. 이때는 측정하는 양이 가장 중요하다. 이 그룹에서는 순서 변수를 사용한다. 즉, 활동의 순서 및 순위를 갖고 작업한다. 이러한 변수 유형 모두 정량적 변수 범주에 속한다.
- **정성적 변수:** 반면에 샘플이 속한 클래스를 보여주는 측정값을 갖고 있을 때가 있다. 이 양은 숫자로 표현할 수 없다. 일반적으로 샘플이 속한 그룹을 나타내는 레이블, 태그 또는 범주 값이 지정된다. 이러한 변수를 정성적 변수라고 부른다.

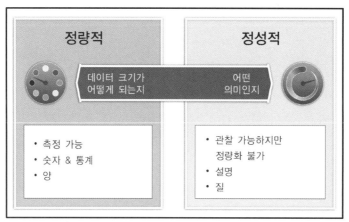

정량적 분석과 정성적 분석의 차이점을 설명하는 참조 표

이제 회귀 문제에 적용할 때 어떤 변수 유형이 적합한지 알아보자.

이때는 분명히 정량적 변수다. 클래스나 요소의 종류가 아닌 변수 간의 일반적인 관계를 파악하는 함수를 통해서만 데이터 분포 모델링을 할 수 있기 때문이다. 회귀는 하나의 연속 출력 변수가 필요하며, 이것은 정량적인 메트릭의 경우에만 가능하다.

정성적 변수의 경우에는 데이터를 분류 문제로 다룬다. 분류 문제 정의에 따라 이 문제는 샘플에 숫자가 아닌 레이블이나 태그를 할당하기 때문이다. 이 과정은 분류에서 이뤄진다.

▌ 선형 회귀

이제 간단하지만 데이터를 추상화하는 데 아주 유용한 선형 회귀 함수부터 시작해 보자.

선형 회귀에서는 데이터 포인트와 모델링된 선 사이의 거리를 최소화하는 선형 방정식을 찾는다. 모델 함수는 다음 형식을 갖는다.

$$y_i = \beta x_i + \alpha + \varepsilon_i$$

여기서 α는 절편이고 β는 모델링된 선의 기울기다. 변수 x는 일반적으로 독립 변수라고 부르며, 종속 변수인 y는 회귀 변수 및 응답 변수라고도 한다.

ε_i 변수는 매우 흥미로운 요소이며, 오차 또는 샘플 i에서 회귀된 선까지의 거리다.

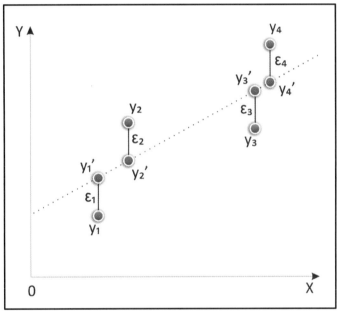

원래 데이터, 추정된 데이터(빨간색) 및 오차(ε)를 포함하는 회귀선의 구성 요소

답을 찾는 과정에서 비용 함수라고 부르는 함수로 거리가 계산되며, 최종적으로 비용을 최소화하는 파라미터를 찾는다. 이 작업을 해보자.

비용 함수 설정

모든 머신 러닝 기법과 마찬가지로 최소화해야 하는 손실 함수에 따라 학습 과정이 달라진다. 이 함수는 학습 단계에서 결과를 예측할 때 얼마나 옳고 그른지를 나타낸다.

간단하게 2D 회귀를 위한 비용 함수를 정의해보자. 숫자 튜플 목록 (x_0, y_0), (x_1, y_1) ... (x_n, y_n)과 찾을 값인 β_0과 β_1이 있다고 하자. 이 경우 최소 자승 비용 함수는 다음과 같이 정의할 수 있다.

$$J(\beta_0, \beta_1) = \sum_{i=0}^{n} (y_i - \beta_0 - \beta_1 x_i)^2$$

다음 절에서 사용될 표준 변수 β_0과 β_1을 사용한 선형 방정식에 대한 최소 자승 함수

각 요소에 대한 합은 유일한 값을 가지며, 이것은 모든 값(y_i)과 이상적인 회귀선$(\beta_0 + \beta_1 x_i)$의 해당 점 사이의 차이가 어떤지를 알려준다.

이 연산의 근거는 다음과 같이 매우 분명하다.

- 합계는 고유한 값을 제공한다.
- 모델과 실제 지점 간의 차이는 거리 또는 L1 오차를 제공한다.
- 이것을 제곱하면 양수 값을 얻을 수 있으며, 거리를 비선형 방법으로 페널티를 줄 수 있으며, 오차가 클수록 더 페널티를 증가시킬 것이다.

잔차^{residuals}는 동일한 입력에 대해 데이터셋에서 얻은 값과 모델이 계산한 값과의 차이이며, 잔차의 제곱의 합을 최소화하는 것으로도 표현할 수 있다.

오차를 최소화하는 여러 방법

최소 자승 오차 함수는 여러 가지 방법으로 해를 얻을 수 있다.

- 분석적인 방법
- 공분산 및 상관 값 사용

120

- 머신 러닝 방법에서 가장 많이 사용 되는 방법인 그래디언트 디센트 방법

분석적 접근법

분석적 접근법^{Analytical approach}은 정확한 해를 얻기 위해 여러 선형 대수 기법을 사용한다.

 이 방법은 이 책에서 알아보고 있는 머신 러닝 기술과 직접적인 관련이 없기 때문에 매우 간략히 소개한다.

우선 행렬 형태의 함수에서 오차를 표현한다.

$$J(\theta) = \frac{1}{2m}(X\theta - y)^T(X\theta - y)$$

행렬 형태 선형 회귀 방정식의 표준 형태

여기에서 J는 비용 함수이며, 다음과 같은 분석적 해를 갖는다.

$$\theta = (X^T X)^{-1} X^T y$$

선형 회귀의 행렬 형태의 분석적 해

분석적 접근법의 장단점

선형 대수학 기법을 사용해 최소 오차의 해를 계산하는 접근법은 아주 쉬운 표현식을 준다는 측면에서 쉬운 방법이다. 이 방법은 바로 결정되는 방법이므로 연산 적용 후에 추가적인 추측이 필요 없다.

그러나 이 접근법에는 몇 가지 문제가 발생할 수 있다.

- 첫째, 행렬 역행렬과 행렬곱은 많은 계산이 필요한 작업이다. 일반적으로 약 $O(n^2)$에서 $O(n^3)$까지의 하한선을 가지므로 샘플 수가 증가하면 문제는 해결하기 어려워질 수 있다.
- 또한 일반적으로 현재 하드웨어의 부동소수점 능력을 사용하기 때문에 구현 방법에 따라 이 접근 방법은 정확도가 제한될 수 있다.

공분산/상관관계

이제 우리 회귀선의 계수를 추정하는 새로운 방법을 소개할 것이고, 그 과정에서 공분산과 상관관계 같은 추가적인 통계적 방법을 배울 것이다. 이것은 처음에 데이터셋을 분석하고 결론을 이끌어낼 때 도움이 될 것이다.

공분산

공분산은 통계적 용어이며, 다음과 같이 표준 형태로 정의할 수 있다.

> 확률 변수 쌍 간의 시스템적인 관계의 척도. 여기서 한 변수의 변화는 다른 변수의 변화에도 영향을 미친다.

공분산은 $-\infty$에서 $+\infty$ 사이의 값을 갖는다. 여기에서 음의 값은 음의 관계를 나타내고, 양의 값은 양의 관계를 나타낸다. 또한 변수 간의 선형적인 관계를 설명한다.

따라서 값이 0이면 직접 선형 관계가 없음을 나타내며, 그 값은 블롭blob 모양의 분포를 형성하는 경향이 있다.

공분산은 측정 단위에 의해 영향을 받지 않는다. 즉, 단위를 변경하더라도 두 변수 간 관계의 강도는 변하지 않는다. 공분산 값은 다음 식에 따라 변하며, 계산을 위해서는 각 축마다 평균이 필요하다.

$$cov(x_i, y) = \frac{1}{n} \sum (x_i - \overline{x}_i)(y - \overline{y})$$

상관관계

변수 정규화 과정을 기억하는가? 다음 수식을 사용해 변수에서 평균을 빼고 데이터셋의 표준 편차로 크기를 조정해 변수를 중심에 위치시켰다.

$$x = \frac{x - \overline{x}}{\sigma}$$

데이터 정규화 연산식

이것은 분석의 출발점이 되며, 상관 값을 사용해 각 축에서 확장할 것이다.

상관 값은 두 개 이상의 확률 변수가 동시에 움직이는 정도를 결정한다. 두 변수를 학습할 때, 한 변수의 이동이 다른 변수에서도 동일한 이동이 발생할 때, 변수는 다음 식에 의해 주어진 값과 상관관계가 있다고 한다.

$$r = \frac{1}{n} \cdot \frac{\sum (x_i - \overline{x}_i)(y - \overline{y})}{\sigma_{x_i} \sigma_y}$$

상관관계의 표준 정의

실제 값을 기반으로 한 메트릭은 양수 또는 음수의 두 가지 유형이 있다. 두 변수가 같은 방향으로 움직인다면 두 변수는 양수 또는 직접 상관관계다. 두 변수가 반대 방향으로 이동하면 상관관계는 음수 또는 역상관관계다.

상관 값은 −1에서 +1 사이에 있으며 +1에 가까운 값은 강한 양의 상관관계를 나타내고, −1에 가까운 값은 강한 음의 상관관계의 지표다.

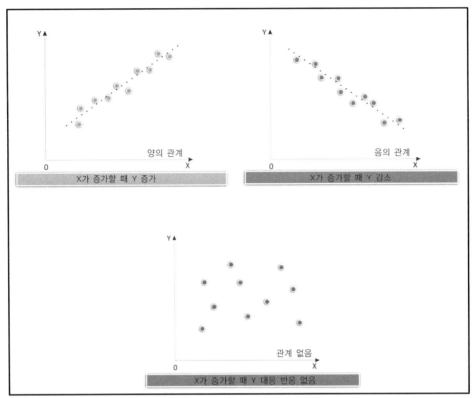

샘플의 분포가 상관 값에 미치는 영향

상관관계를 측정하는 다른 방법이 있다. 이 책에서는 주로 선형 상관관계에 대해 이야기할 것이다. 비선형 상관관계를 연구하는 다른 방법이 있지만 이 책에서는 다루지 않는다.

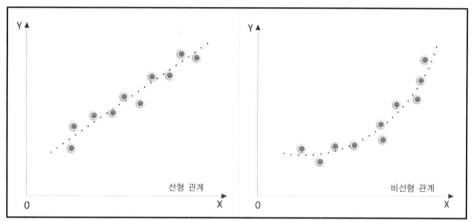

선형 상관관계와 비선형 상관관계의 차이점

 4장의 실제 연습에서는 선형 공분산과 상관관계를 구현한다.

공분산 및 상관관계로 기울기 및 절편 탐색

시작할 때 살펴봤던 것처럼 기본적인 데이터를 나타내는 선 방정식을 다음과 같다.

$$\hat{y} = \hat{\beta}x + \hat{\alpha}$$
선형 방정식의 대략적인 정의

이 선이 모든 점의 평균을 통과한다는 것을 알기 때문에 기울기로 절편을 추정할 수 있다.

$$\hat{\alpha} = \bar{y} - \hat{\beta}\bar{x}$$
유도된 절편의 정의

기울기는 종속 변수의 변화를 독립 변수의 변화로 나눈 값이다. 이 경우 좌표 간의 절대 차이가 아닌 데이터의 변화를 이용한다.

데이터는 비균일하기 때문에 독립 변수의 분산과, 종속 변수처럼 변하는 독립 변수의 분산 비율로 기울기를 정의한다.

$$\hat{\beta} = \frac{Cov(x, y)}{Var(x)}$$

추정된 기울기 계수

플롯할 때 데이터가 실제로 원형 구름처럼 보이면 기울기는 0이 된다. 이것은 x와 y의 변화 사이에 인과 관계가 없음을 나타내고, 이 경우 다음과 같이 표현된다.

$$\hat{\beta} = \frac{\sum_{i=1}^{n} (x_i - \overline{x})(y_i - \overline{y})}{\sum_{i=1}^{n} (x_i - \overline{x})^2}$$

추정된 기울기 계수의 확장된 형태

이전에 제시한 수식을 적용하면 최종 회귀식의 기울기를 다음 식으로 단순화할 수 있다.

$$= r_{xy} \frac{S_y}{S_x}$$

기울기 계수의 최종 형태

여기서 S_y는 y의 표준 편차이고, S_x는 x의 표준 편차다.

선이 평균 데이터셋 지점에 도달한다는 지식과 식의 나머지 요소를 이용해 절편을 간단히 유도할 수 있다.

$$\alpha = \overline{Y} - b\,\overline{X}$$

근사된 절편 계수의 최종 형태

회귀를 두 가지 기본 형태로 요약해봤다. 이것을 바탕으로 많은 분석에 사용할 수 있다. 이제는 현재 머신 러닝 기술의 핵심을 소개할 때다. 이 기술은 **그래디언트 디센트**라는 이름으로 많은 프로젝트에서 사용된다.

그래디언트 디센트

현대 머신 러닝의 핵심 방법에 대해 알아보자.

여기에서 설명하는 방법은 비슷한 방식으로 많은 복잡한 모델과 함께 사용된다. 이때 난이도는 증가하지만 동일한 원리로 동작한다.

직관적인 배경

그래디언트 디센트를 소개하기 위해 먼저 목표를 알아보자. 목표는 제공된 데이터셋을 직선 함수에 맞추는 것이다. 여기에는 어떤 요소가 있을까?

- 모델 함수
- 오차 함수

파라미터 조합에 따라 모든 오차 형태를 사용할 수 있다. 멋지지 않은가?

간단한 직선 함수 문제를 살펴보자. 이 곡선은 최소 자승 오차 함수의 형태를 따르는 $z = x^2 + y^2$를 나타낸다.

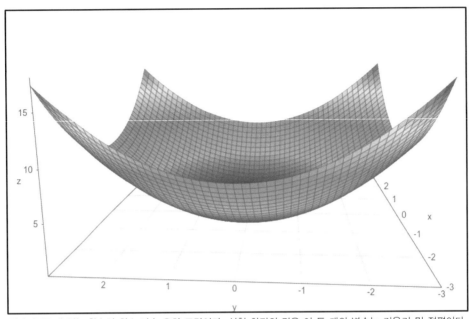

변수가 두 개 있는 함수의 최소 자승 오차 표면이다. 선형 회귀의 경우 이 두 개의 변수는 기울기 및 절편이다.

이처럼 직선 파라미터당 발생할 수 있는 모든 결과를 계산하면 너무 많은 CPU 시간이 소비된다. 그러나 간단히 할 수 있는 방법이 있다. 곡선의 표면은 볼록convex하다는 것을 알고 있다(이와 관한 자세한 설명은 이 책의 범위를 벗어남). 그래서 이 곡선은 그릇처럼 보이고 유일한 최솟값을 갖는다(이전에 본 것처럼). 이것은 최소한처럼 보이는 지점을 찾는 문제로 다룰 수 있다. 그러나 실제로는 요철이 있는 표면 형태를 갖는다.

그래디언트 디센트 루프

현재 위치해 있는 표면에 대한 정보와 그때의 그래디언트 값을 갖고 함수의 최솟값으로 수렴하는 방법을 알아보자.

- 임의의 위치에서 시작한다(아직 표면에 대해 알지 못한다).
- 가장 많은 변화를 갖는 방향을 찾는다(함수가 볼록하므로 최솟값으로 안내한다).
- 오차에 비례해 오차 방향으로 오차 표면상에서 이동한다.

128

- 도착한 표면을 다음 단계의 시작지점으로 조정하고 과정을 반복한다.

이 방법을 사용하면 모든 값을 확인하는 방식과 비교할 때 제한된 시간 내에 값의 최소화를 위한 경로를 반복적으로 발견할 수 있게 해준다.

파라미터 두 개를 갖는 최소 자승 함수의 진행 과정은 다음과 같다.

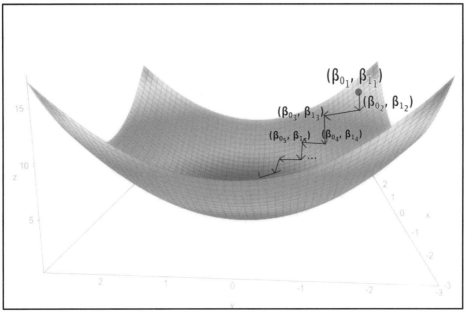

그래디언트 디센트 알고리즘의 묘사. 높은 오차를 갖는 지점에서 시작해 가장 많은 변화를 갖는 방향으로 내려옴

이것은 적절하게 초기 파라미터를 선택했을 때 일반적으로 함수가 어떻게 진행되는지에 대한 아이디어를 제공한다.

 5장에서는 다른 요소(하이퍼파라미터라고 부름)를 선택하고 최적화 과정의 동작 특성을 변경하는 방법을 포함하는 그래디언트 디센트 프로세스에 대해 자세히 설명한다.

개념을 수식화

이제 과정의 수학적 측면을 살펴보려 한다. 실제로 사용하는 데 필요한 모든 부분을 알아봤다.

이 요소들 또는 식은 다음과 같다.

- 선형 함수 변수 β_0과 β_1
- 샘플 세트에 있는 샘플 수 m
- 샘플 세트에 있는 요소들 $x^{(i)}$와 $y^{(i)}$

오차 함수 J로 시작하자. J는 앞의 절들에서 최소 자승 함수로 정의됐다. 다음과 같이 방정식의 시작 부분에 $1/2m$이라는 부분을 추가한다.

$$J(\beta_0, \beta_1) = \frac{1}{2m} \sum_{i=1}^{m} ((\beta_0 + \beta_1 x^{(i)}) - y^{(i)})^2$$

최소 자승 오차 함수

다음과 같은 모든 작업의 기본이 되는 새로운 연산자인 그래디언트를 소개하겠다.

이미 다음 내용을 알고 있다고 가정한다.

- 하나 이상의 독립 변수의 함수
- 모든 독립 변수에 대한 함수의 편미분

이미 편미분이 어떻게 동작하는지 알고 있기 때문에 그래디언트는 이미 언급한 편미분을 포함하는 벡터라고 할 수 있다. 이 경우에는 다음과 같이 될 것이다.

$$\nabla J(\beta_0, \beta_1) = \begin{bmatrix} \left(\frac{\partial J}{\partial \beta_0} \right) \\ \left(\frac{\partial J}{\partial \beta_1} \right) \end{bmatrix}$$

오차 함수의 그래디언트

이 연산자의 목적은 무엇인가? 이 연산을 할 수 있다면 특정 지점에서 전체 함수의 변화 방향을 알 수 있다.

먼저 편미분을 계산한다. 제곱식을 체인 규칙으로 유도하고, 이것을 원래 식에 곱한다.

식의 두 번째 부분에서는 선형 함수를 모델 함수 h_a로 단순화한다.

$$\frac{\partial J}{\partial \beta_0} = \frac{1}{m} \sum_{i=1}^{m} ((\beta_0 + \beta_1 x^{(i)}) - y^{(i)}) = \frac{1}{m} \sum_{i=1}^{m} (h_a(x^{(i)}) - y^{(i)})$$

β_1 변수에 대한 오차 함수의 편미분

$\beta_1 x^{(i)}$의 미분은 $x^{(i)}$이기 때문에 β_1에 대한 미분의 경우 $x^{(i)}$ 요소가 추가된다.

$$\frac{\partial J}{\partial \beta_1} = \frac{1}{m} \sum_{i=1}^{m} ((\beta_0 + \beta_1 x^i) - y^{(i)}) x^{(i)} = \frac{1}{m} \sum_{i=1}^{m} (h_a(x^{(i)}) - y^{(i)}) x^{(i)}$$

β_1 변수에 대한 오차 함수의 편미분

이제 재귀적인 표현을 소개한다. 이 식은 (반복할 때 조건이 맞는다면) 총 오차를 줄이면서 수렴하는 파라미터의 조합을 제공한다.

여기서 매우 중요한 요소인 α라는 이름을 가진 스텝 크기를 소개한다. 이것을 사용하는 목적은 무엇일까? 한 스텝을 진행할 때 얼마만큼 진행할 것인지 크기를 조정할 수 있게 한다. 올바른 값을 선택하지 않으면 오차가 무한대로 발산되는 것과 같은 원하지 않는 결과를 낸다는 것을 알게 될 것이다.

두 번째 수식에는 현재 x 값을 작은 차이 값에 곱한다.

$$(\beta_0)_{k+1} \leftarrow (\beta_0)_k - \alpha \frac{1}{m} \sum_{i=1}^{m} (h_a(x^{(i)}) - y^{(i)})$$

$$(\beta_1)_{k+1} \leftarrow (\beta_1)_k - \alpha \frac{1}{m} \sum_{i=1}^{m} (h_a(x^{(i)}) - y^{(i)})x^{(i)}$$

모델 함수의 재귀 식

이제 시작할 준비가 됐다! 좀 더 간단한 알고리즘 표현을 만들기 위해 약간의 수학적 양념을 추가할 것이다. 이제 미지수를 벡터 형태로 표현하자. 그러면 모든 식이 전체적으로 표현된다.

$$\beta = \begin{bmatrix} \beta_0 \\ \beta_1 \end{bmatrix}$$

벡터 형태의 β 표현

이 새로운 표현식을 사용해 반복적인 단계를 간단하고 쉽게 기억할 수 있게 표현하면 다음과 같다.

$$\beta_{k+1} \leftarrow \beta_k - \alpha \nabla J(\beta_k)$$

벡터 형태의 반복적인 그래디언트 디센트 표현

반복을 과정으로 표현

최소 오차를 찾는 전체적인 방법은 순서도로 표현될 수 있으므로 모든 요소를 동일한 위치에 둘 수 있다. 또한 복잡한 분석 메커니즘을 고려하지 않는다면 쉽게 이해할 수 있다.

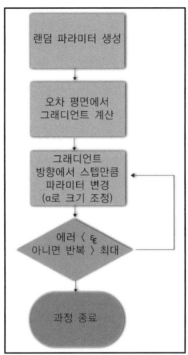

그래디언트 디센트 방법의 흐름도. 복잡한 수학을 고려하지 않는 간단한 블록이라는 것을 확인하자.

그래디언트 디센트 과정을 시각적으로 표현한 것을 바탕으로, 4장에서는 실용적인 내용을 다룬다. 이 질문에 대한 답을 찾기 위한 여정을 즐겼으면 한다. 간단한 방법으로 데이터를 표현하는 가장 좋은 방법은 무엇인가? 다음 절에서는 훨씬 더 강력한 도구를 사용할 것이라 확신한다.

실전: 새로운 방법을 위한 새로운 도구

이 절에서는 특히 데이터 시각화에서 공분산 및 상관관계 분석에 도움이 되는 새로운 라이브러리를 소개한다.

Seaborn은 무엇인가?

Seaborn은 파이썬에서 매력적이고 유익한 통계 그래픽을 만들기 위한 라이브러리다.

또한 다중 변수 분석을 위한 매우 유용한 기능을 제공하므로 데이터에 회귀 분석을 적용할지 여부와 어떻게 적용할지 결정하는 데 도움을 준다.

Seaborn이 제공하는 특징 중 일부는 다음과 같다.

- 매우 우수한 품질의 내장 테마들
- 데이터의 패턴을 구분하는 아름다운 플롯을 만들기 위한 색상 팔레트 선택 도구
- 단일 변수와 두 개의 변수 분포를 시각화하거나 하위 데이터 집합을 비교하는 데 매우 중요한 함수
- 다양한 종류의 독립 변수 및 종속 변수를 선형 회귀 모델에 맞추고 시각화하는 도구
- 최소한의 인수만으로 유용한 결과를 그려주는 함수. 추가 파라미터를 통해 여러 가지 사용자 정의 가능한 옵션을 제공한다.

중요한 추가 기능은 Seaborn이 `matplotlib`를 사용하기 때문에 `matplotlib`을 사용해 그래픽을 추가로 조정할 수 있으며, `matplotlib` 백엔드 중 하나로 렌더링할 수 있다는 점이다.

이제 Seaborn이 제공하는 가장 유용한 유틸리티를 살펴보자.

변수 탐색을 위한 유용한 다이어그램: pairplot

데이터 탐색 단계에서 할 수 있는 가장 유용한 기준 중 하나는 데이터셋의 모든 특징이 어떻게 상호작용하는지를 그래픽으로 묘사하고, 직관적인 방식으로 상호 변화를 발견하는 것이다.

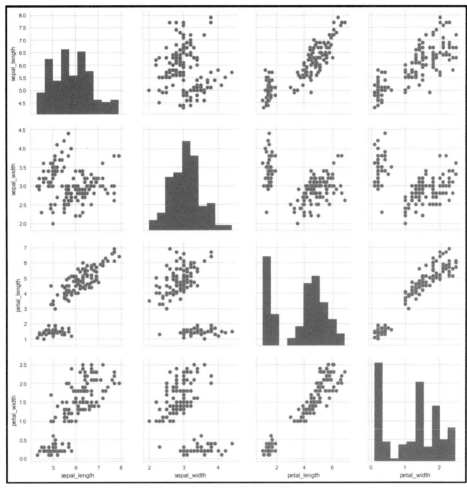

아이리스 데이터셋의 변수에 대한 pairplot

상관관계 플롯

상관관계 플롯을 사용하면 훨씬 더 간결한 방식으로 변수 종속성을 요약할 수 있으며, 이것은 색상 팔레트를 사용해 변수 쌍 간의 직접적인 상관관계를 보여주기 때문이다. 대각선 값은 당연히 1인데, 모든 변수가 자신과 최대 상관관계를 갖기 때문이다.

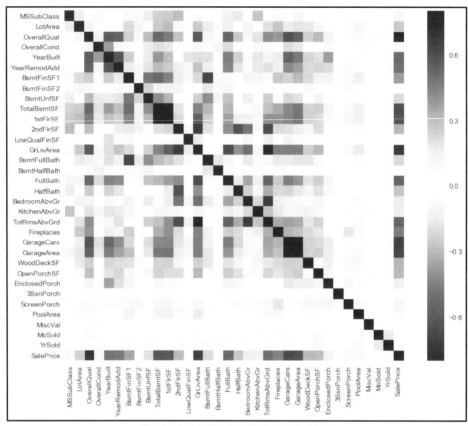

샌프란시스코 주택 데이터셋의 상관관계 플롯

▌실전 데이터 탐색 및 선형 회귀

이 절에서는 가장 잘 알려진 시험 데이터셋 중 하나를 사용해 탐색하고, 차원 값 중 하나를 선택해 그 값에 대한 선형 회귀 모델을 작성하는 방법을 학습한다.

먼저 모든 라이브러리(scikit-learn, seaborn과 matplotlib)를 불러오자. Seaborn의 뛰어난 특징 중 하나는 매우 전문적인 스타일을 설정할 수 있는 것이다. 이 경우 whitegrid 스타일을 사용한다.

```
import numpy as np from sklearn
import datasets import seaborn.apionly as sns
%matplotlib inline
import matplotlib.pyplot as plt
sns.set(style='whitegrid', context='notebook')
```

아이리스 데이터셋

아이리스 데이터셋을 불러 올 시간이다. 아이리스 데이터셋은 가장 잘 알려진 역사적 데이터셋 중 하나다. 이 데이터셋은 많은 책과 논문에서 찾을 수 있다. 우수한 데이터 특성을 갖고 있어서 분류 및 회귀 예제에 유용하다. 아이리스 데이터셋(https://archive. ics.uci.edu/ml/datasets/Iris)에는 3가지 유형의 붓꽃 각각에 대해 50개의 데이터가 포함 돼 있으며, 총 5개 필드에 150개의 라인이 있다. 각 라인은 다음에 대한 측정값이다.

- 꽃받침 길이(cm)
- 꽃받침 폭(cm)
- 꽃잎 길이(cm)
- 꽃잎 너비(cm)

마지막 필드는 꽃(부채붓꽃^{setosa}, 흰여로^{versicolor}, 질경이^{virginica})의 유형이다. load_dataset 메소드를 사용해 데이터 집합에서 값의 행렬을 만든다.

```
iris2 = sns.load_dataset('iris')
```

변수 간의 의존성을 이해하기 위해 공분산 연산을 구현할 것이다. 파라미터로 두 개의 배열을 받고 covariance(x, y) 값을 반환한다.

```
def covariance(X, Y):
    xhat=np.mean(X)
    yhat=np.mean(Y)
    epsilon=0
    for x, y in zip(X,Y):
        epsilon=epsilon+(x-xhat)*(y-yhat)
    return epsilon/(len(X)-1)
```

구현된 함수를 시행해보고 NumPy 함수와 비교해보자. cov(a, b)를 계산했고, NumPy는 모든 cov(a, a), cov(a, b)의 조합 행렬을 생성했다. 그렇기 때문에 우리가 계산한 결과가 Numpy로 만든 행렬의 (1, 0), (0, 1) 값과 동일해야 한다.

```
print(covariance([1,3,4], [1,0,2]))
print(np.cov([1,3,4], [1,0,2]))

0.5
[[ 2.33333333    0.5         ]
 [ 0.5           1.         ]]
```

앞서 정의한 상관 함수 테스트를 최소한으로 수행하면 covariance과 같은 두 개의 배열을 받고, 이것은 최종 값을 얻기 위해 사용된다.

```
def correlation(X, Y):
    return(covariance(X,Y)/(np.std(X, ddof=1)*np.std(Y, ddof=1)))
    ##편향되지 않은 std를 구하기 위해 ddof=1 설정
```

이 함수를 두 개의 샘플 배열로 테스트하고 이것을 NumPy의 상관 행렬의 (0,1)과 (1,0)의 값과 비교해보자.

```
print(correlation([1,1,4,3], [1,0,2,2]))
print(np.corrcoef([1,1,4,3], [1,0,2,2]))

0.870388279778
[[ 1.          0.87038828]
 [ 0.87038828  1.          ]]
```

Seaborn pairplot으로 직관적인 아이디어 얻기

문제에 대한 작업을 시작할 때 가능한 한 모든 변수 조합을 그래픽으로 표시하는 것이 좋다.

Seaborn의 **pairplot** 함수는 산포도로 표시된 모든 변수 쌍에 대한 요약과 행렬의 대각선에 대한 단일 변량 분포를 보여준다.

이 플롯 유형이 모든 변수의 의존성을 어떻게 보여주는지 살펴보고, 회귀 방법을 테스트하기 위해 선형 관계를 살펴보자.

```
sns.pairplot(iris2, size=3.0)
<seaborn.axisgrid.PairGrid at 0x7f8a2a30e828>
```

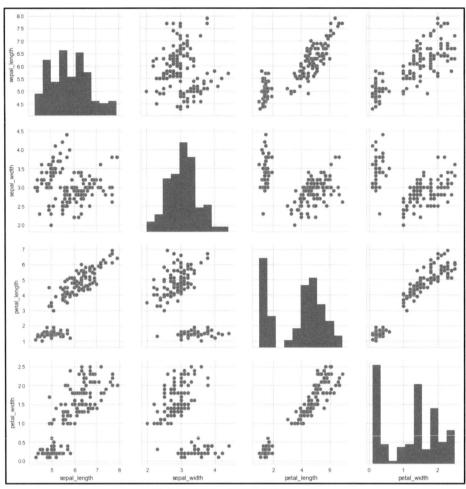

데이터셋에 있는 모든 변수의 pairplot

초기 분석에서 선형적으로 의존하는 성질을 갖는 두 가지 변수를 선택하자. 이 두 변수는 petal_width와 petal_length다.

```
X=iris2['petal_width']
Y=iris2['petal_length']
```

확실한 선형적인 경향을 보여주는 이 변수 조합을 살펴보자.

```
plt.scatter(X, Y)
```

선택한 변수를 산포도로 표시한 결과는 다음과 같다.

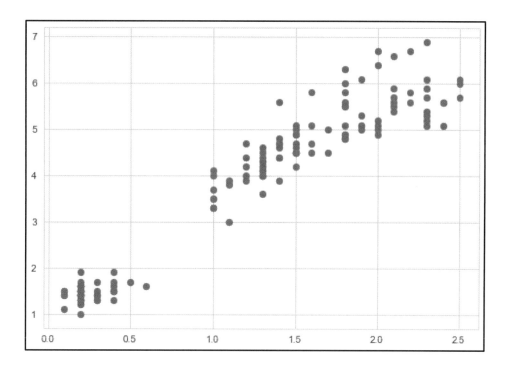

예측 함수 만들기

먼저 모델링된 데이터를 추상적으로 표현할 함수를 선형 함수인 $y = beta * x + alpha$
형태로 정의해보자.

```
def predict(alpha, beta, x_i):
    return beta * x_i + alpha
```

오차 함수 정의

이제는 훈련 중 예측과 기댓값의 차이를 보여주는 함수를 정의해야 한다. 5장에서 자세히 설명할 것이지만 두 가지 주요 방법이 있다. 두 값 사이 차이 값의 절댓값을 측정(L1)하거나, 차이 값의 제곱 값을 측정하는 방법(L2)이 있다. 두 경우를 정의해보자.

두 번째 버전 안에 첫 번째 수식을 포함하도록 두 버전을 정의해보자.

```
def error(alpha, beta, x_i, y_i): #L1
    return y_i - predict(alpha, beta, x_i)

def sum_sq_e(alpha, beta, x, y): #L2
    return sum(error(alpha, beta, x_i, y_i) ** 2 for x_i, y_i in zip(x, y))
```

상관관계 피팅

이제 회귀를 위한 파라미터를 찾기 위해 상관관계를 구현하는 함수를 정의하자.

```
def correlation_fit(x, y):
    beta = correlation(x, y) * np.std(y, ddof=1)/np.std(x, ddof=1)
    alpha = np.mean(y) - beta * np.mean(x)
    return alpha, beta
```

그런 다음 피팅 함수를 실행하고 추측된 파라미터를 출력한다.

```
alpha, beta = correlation_fit(X, Y)
print(alpha)
print(beta)

1.08355803285
2.22994049512
```

해의 적합성을 직관적으로 보기 위해 데이터와 함께 회귀선을 그래프로 나타내보자.

```
plt.scatter(X, Y)
xr=np.arange(0,3.5)
plt.plot(xr, (xr*beta)+alpha)
```

방금 계산된 기울기와 절편으로 얻을 수 있는 최종 플롯은 다음과 같다.

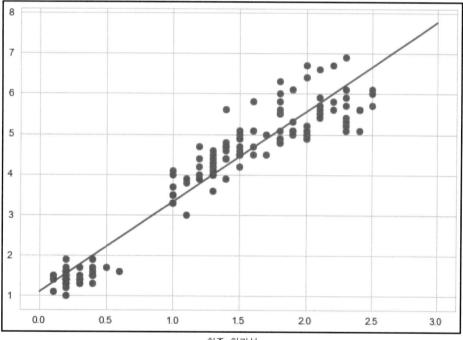

최종 회귀선

다항식 회귀와 과소적합과 과적합

모델을 찾을 때 확인하는 주요 특성 중 하나는 단순한 함수 표현으로 일반화할 수 있는지 여부다. 모델의 복잡성을 증가시키면 훈련 데이터에 적합한 모델을 구축할 수는 있지만, 특정 데이터 일부에 대해서만 너무 적합하게 될 수 있다(과적합).

반면에 과소적합은 모델이 너무 단순한 상황에서 발생하며, 간단한 선형 모델로 표현할 때 발생할 수 있다.

다음 예제에서는 scikitlearn 라이브러리를 사용해 앞에서 했던 것과 동일한 문제를 다룰 것이며, 복잡하게 들어오는 데이터는 고차 다항식을 적용할 것이다.

2차 함수의 정상 임계값을 넘어서면 데이터의 모든 지점에 맞추기 위해 함수가 어떻게 하는지 볼 것이다. 또한 정상 영역 밖의 지점에 대해서는 확실히 정상 영역 밖이라는 것을 살펴볼 것이다.

```python
from sklearn.linear_model import Ridge
from sklearn.preprocessing import PolynomialFeatures
from sklearn.pipeline import make_pipeline

ix=iris2['petal_width']
iy=iris2['petal_length']

#피팅된 함수를 보여주기 위한 점 생성
x_plot = np.linspace(0, 2.6, 100)

#이 배열을 행렬로 만듦
X = ix[:, np.newaxis]
X_plot = x_plot[:, np.newaxis]

plt.scatter(ix, iy, s=30, marker='o', label="training points")

for count, degree in enumerate([3, 6, 20]):
    model = make_pipeline(PolynomialFeatures(degree), Ridge())
    model.fit(X, iy)
    y_plot = model.predict(X_plot)
    plt.plot(x_plot, y_plot, label="degree %d" % degree)

plt.legend(loc='upper left')
plt.show()
```

결합된 그래프는 다른 다항식의 계수가 어떻게 다양한 방식으로 데이터를 설명하는지 보여준다. 20차 다항식은 훈련 데이터셋에 대해 완벽하게 계수를 조정하고, 알려진 값이 아닌 미래 데이터에 대해서는 일반화하지 않고 거의 발산한다.

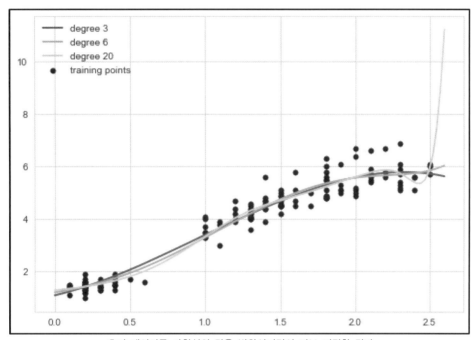

초기 데이터를 다항식의 값을 변화시키면서 커브 피팅한 결과

실제 그래디언트 디센트를 포함하는 선형 회귀

이제 처음으로 그래디언트 디센트 기법을 실제로 적용하려 한다! 지금 연습하고 있는 개념은 이 책의 나머지 부분에서 도움이 될 것이다. 항상 그랬던 것처럼 필수 라이브러리를 불러오는 것으로 시작하자. 숫자 처리에는 NumPy를 사용하고, Seaborn과 matplotlib로 표현한다.

```
import numpy as np
import seaborn as sns
%matplotlib inline
import matplotlib.pyplot as plt
sns.set(style='whitegrid', context='notebook')
```

손실 함수는 우리가 얼마나 잘하고 있는지 알기 위한 지침이 될 것이다. 이론적인 부분에서 봤듯이 최소 자승법을 사용한다.

 앞 절에서 J 또는 손실 함수 정의 및 특성을 확인할 수 있다.

따라서 이 least_squares 함수는 현재 회귀 직선 파라미터인 b_0과 b_1을 데이터로 받고 실제로 얼마나 좋은지를 측정한다.

```
def least_squares(b0, b1, points):
    totalError = 0
    N=float(len(points))
    for x,y in points:
        totalError +=(y -(b1 * x + b0)) ** 2
    return totalError/2.*N
```

여기서는 반복적인 단계를 정의한다. 파라미터로 현재 b_0 및 b_1, 모델을 학습하는 데 사용되는 지점 및 학습 속도를 받는다. step_gradient 함수의 다섯 번째 줄에서 두 그래디언트의 계산을 볼 수 있고, new_b0와 new_b1 변수를 만들고, 오차 방향으로 이 변수 값을 학습 속도에 따라 업데이트한다. 모든 점을 그래디언트 계산에 사용한 후에 마지막 줄에서는 업데이트된 값과 현재 오차 정도를 반환한다.

```
def step_gradient(b0_current, b1_current, points, learningRate):
    b0_gradient = 0
    b1_gradient = 0
    N = float(len(points))
    for x,y in points:
        b0_gradient +=(1/N) *(y -((b1_current * x) + b0_current))
        b1_gradient +=(1/N) * x *(y -((b1_current * x) + b0_current))
    new_b0 = b0_current +(learningRate * b0_gradient)
    new_b1 = b1_current +(learningRate * b1_gradient)
    return [new_b0, new_b1, least_squares(new_b0, new_b1, points)]
```

그런 후에 이 모델 밖에서 훈련을 진행할 수 있는 함수를 정의해 모든 파라미터의 조합을 한곳에서 확인할 수 있게 한다. 이 함수는 파라미터를 초기화하고 그래디언트 계산을 정해진 횟수만큼 반복한다.

```
def run_gradient_descent(points, starting_b0, starting_b1, learning_rate,
        num_iterations):
    b0 = starting_b0
    b1 = starting_b1
    slope=[]
    intersect=[]
    error=[]
    for i in range(num_iterations):
        b0, b1, e= step_gradient(b0, b1, np.array(points), learning_rate)
        slope.append(b1)
        intersect.append(b0)
        error.append(e)
    return [b0, b1, e, slope, intersect, error]
```

 이 프로세스는 수렴 속도가 높으면 필요 없는 CPU 반복을 하기 때문에 비효율적일 수 있다. 좀 더 현명한 정지 조건은 오차가 허용 범위에 들어 왔을 때 반복을 중지하는 것이다.

모델을 시험해볼 시간이다! 결과의 정확성을 확인하기 위해 아이리스 데이터셋을 다시 불러오자. petal_width와 petal_length 파라미터를 사용할 것이다. 이 파라미터는 앞에서 본 것처럼 선형 회귀를 위한 좋은 후보라고 볼 수 있다. NumPy의 dstack 명령을 사용하면 두 개의 열을 합칠 수 있다. 이 두 열은 목록으로 변환돼 열의 헤더를 없앤다. 유일하게 주의할 것은 결과 리스트에는 사용되지 않는 추가 차원이 있으며, [0] 인덱스를 사용해 삭제한다.

```
iris = sns.load_dataset('iris')
X=iris['petal_width'].tolist()
Y=iris['petal_length'].tolist()
points=np.dstack((X, Y))[0]
```

따라서 좋아 보이는 초기 파라미터(학습률 0.0001, 초기 파라미터 0, 10000번 반복)로 모델을 시험해보자. 어떻게 동작하는지 살펴보자.

```
learning_rate = 0.0001
initial_b0 = 0
initial_b1 = 0
num_iterations = 1000
[b0, b1, e, slope, intersect, error] = run_gradient_descent(points,
        initial_b0, initial_b1, learning_rate, num_iterations)

plt.figure(figsize=(7,5))
plt.scatter(X, Y)
xr=np.arange(0,3.5)
plt.plot(xr, (xr*b1)+b0);
plt.title('Regression, alpha=0.001, initial values=(0,0), it=1000');
```

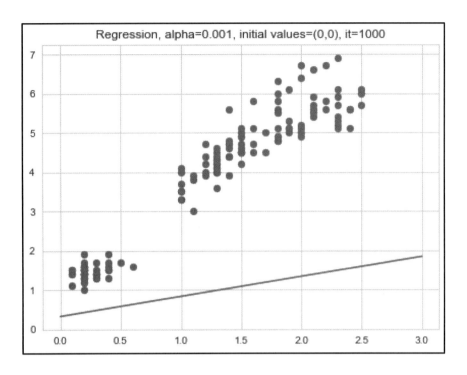

음, 나쁘다. 분명, 아직 목적지에 도착하지 않았다. 훈련 중에 발생한 오차를 확인해 보자.

```
plt.figure(figsize=(7,5))
xr=np.arange(0,1000)
plt.plot(xr, np.array(error).transpose());
plt.title('Error for 1000 iterations');
```

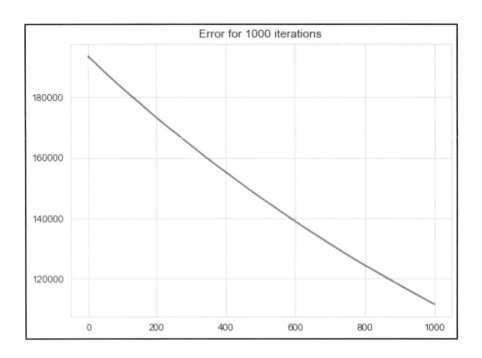

최적화 과정이 동작하는 것 같지만 조금 느리다. 어쩌면 수렴 단계를 10배 증가시켜서 빠르게 수렴되는지 확인할 수 있다. 확인해보자.

```
learning_rate = 0.001 #지난 값은 0.0001 이었음
initial_b0 = 0
initial_b1 = 0
num_iterations = 1000
[b0, b1, e, slope, intersect, error] = run_gradient_descent(points,
        initial_b0, initial_b1, learning_rate, num_iterations)
plt.figure(figsize=(7,5))
xr=np.arange(0,1000)
plt.plot(xr, np.array(error).transpose());
plt.title('Error for 1000 iterations, increased step by tenfold');
```

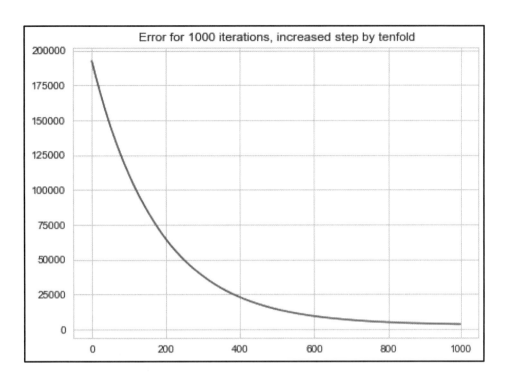

더 나아지고 있다! 이 과정은 훨씬 더 빠르게 수렴된다. 이제 회귀된 선이 어떻게 보이는지 확인해보자.

```python
plt.figure(figsize=(7,5))
plt.scatter(X, Y)
xr=np.arange(0,3.5)
plt.plot(xr, (xr*b1)+b0);
plt.title('Regression, alpha=0.01, initial values=(0,0), it=1000');
```

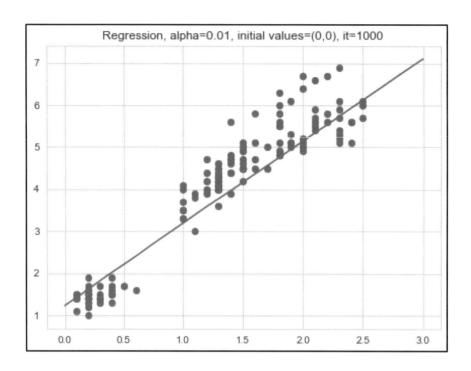

Regression, alpha=0.01, initial values=(0,0), it=1000

그렇다! 훨씬 좋아 보인다. 완료됐다고 생각할 수도 있지만 개발자는 항상 더 빨리 진행하고 싶어 한다. 예를 들어 두 배 더 빨리 가고 싶다면 어떻게 될지 알아보자.

```python
learning_rate = 0.85 # 지난 값은 0.0001 이었음
initial_b0 = 0
initial_b1 = 0
num_iterations = 1000
[b0, b1, e, slope, intersect, error] = run_gradient_descent(points,
        initial_b0, initial_b1, learning_rate, num_iterations)
plt.figure(figsize=(7,5))
xr=np.arange(0,1000)
plt.plot(xr, np.array(error).transpose());
plt.title('Error for 1000 iterations, big step');
```

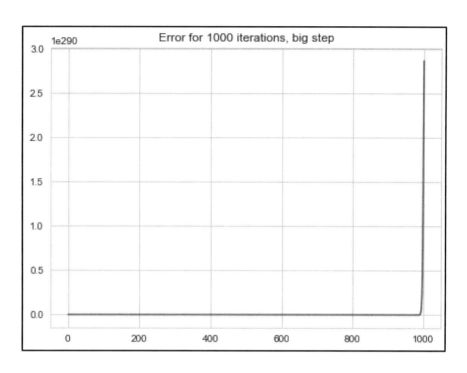

움직임이 나쁘다. 이처럼 오차는 결국 무한대로 가버렸다! 어떤 일이 발생했을까? 간단히 말해서 다음 단계로 이동할 때 너무 많이 이동함으로써 이전에 설명한 것처럼 미끄러지는 것 대신에 그 표면을 넘어가 버렸다. 그리고 반복이 진행될 때 제어할 수 없을 만큼 오차가 누적됐다. 선택할 수 있는 또 다른 방법은 시드 값을 0으로 시작하는 것이다. 일반적으로 이 기법은 매우 좋지 않은 생각이며, 특히 정규화되지 않은 데이터로 작업하는 경우에는 더더욱 그렇다. 이와 관련해 더 많은 이유가 있으며, 그 이유는 추가 문헌에서 찾을 수 있다. 따라서 코드 예제 전체에서 동일한 그래픽을 얻기 위해 가짜 랜덤[pseudo-random][1] 위치에서 파라미터를 초기화하고 어떤 일이 발생하는지 살펴보자.

```
learning_rate = 0.001    #지난번과 같음
initial_b0 = 0.8         #가짜 랜덤 값
```

---

1. 가짜 랜덤은 미리 정한 임의의 위치에서 시작하므로 진정한 의미의 랜덤은 아니다. - 옮긴이

```
initial_b1 = 1.5          #가짜 랜덤 값
num_iterations = 1000
[b0, b1, e, slope, intersect, error] = run_gradient_descent(points,
initial_b0, initial_b1, learning_rate, num_iterations)
plt.figure(figsize=(7,5))
xr=np.arange(0,1000)
plt.plot(xr, np.array(error).transpose());
plt.title('Error for 1000 iterations, step 0.001, random initial parameter
        values');
```

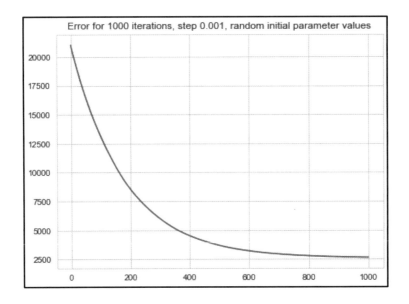

이처럼 대충 오차율을 설정했더라도 초기 오차 값은 10배(2e5에서 2e4로) 감소한다.
이제 입력 값 정규화를 이용해 파라미터의 수렴을 향상시키는 최종 기법을 시도해보
자. 2장에서 배웠던 것처럼 데이터의 중심을 맞추고 크기를 조정하는 작업이다. 해당
작업은 데이터에 어떤 영향을 미치는가?

그래픽 이미지를 사용하면 데이터가 정규화되지 않은 경우 오차 표면은 얕고 값이
많이 진동하는 경향이 있다. 정규화는 데이터를 더욱 깊은 표면을 만들어서 그래디언
트 값이 좀 더 확실히 중심으로 향하게 한다.

```
learning_rate = 0.001   #지난번과 같음
initial_b0 = 0.8        #가짜 랜덤 값
initial_b1 = 1.5        #가짜 랜덤 값
num_iterations = 1000

x_mean =np.mean(points[:,0])
y_mean = np.mean(points[:,1])

x_std = np.std(points[:,0])
y_std = np.std(points[:,1])

X_normalized =(points[:,0] - x_mean)/x_std
Y_normalized =(points[:,1] - y_mean)/y_std

plt.figure(figsize=(7,5))
plt.scatter(X_normalized, Y_normalized)

<matplotlib.collections.PathCollection at 0x7f9cad8f4240>
```

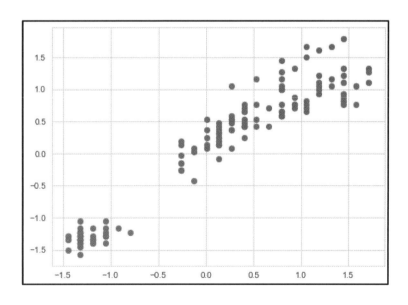

이제 깨끗하고 깔끔한 데이터셋을 얻었기 때문에 이전의 느린 수렴을 보인 파라미터를 다시 시도해보고, 오차 최소화 속도가 어떻게 되는지 살펴보자.

```
points=np.dstack((X_normalized,Y_normalized))[0]
learning_rate = 0.001    #지난번과 같음
initial_b0 = 0.8         #가짜 랜덤 값
initial_b1 = 1.5         #가짜 랜덤 값

num_iterations = 1000

[b0, b1, e, slope, intersect, error] = run_gradient_descent(points,
        initial_b0, initial_b1, learning_rate, num_iterations)
plt.figure(figsize=(7,5))
xr=np.arange(0,1000)

plt.plot(xr,np.array(error).transpose());
plt.title('Error for 1000 iterations, step 0.001, random initial parameter
values, normalized initial values');
```

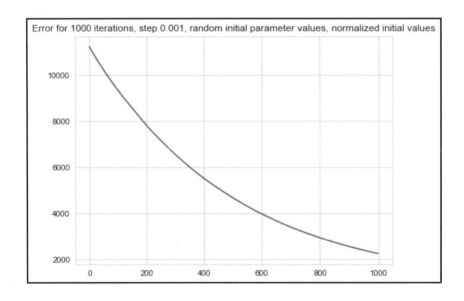

정말로 좋은 출발점이다! 데이터를 정규화하는 것만으로 초기 오차 값의 절반이 줄어
들었으며, 1,000회 반복한 후에 오차가 20%로 감소했다. 기억할 것은 원래 데이터의

크기와 중심점을 갖기 위해 결과를 얻을 후에 역정규화^{denormalization}를 해야 한다는 것이다. 지금까지 그래디언트 디센트에 대해 알아봤다. 5장에서 새로운 도전 과제를 위해 이에 대해 다시 알아본다.

로지스틱 회귀

이 책에서는 하나씩 일반화를 하고 있다. 1장에서 실제를 단순하게 표현하는 것으로 시작했고, 정보 구조를 그룹화하거나 예측하기 위해 단순한 기준으로 시작했다.

주로 실제 값을 예측하는 데 사용되는 선형 회귀를 선형 함수로 모델링하고, 이것을 일반화하면 이진 출력으로 분리(어떤 샘플이 어떤 클래스에 속하는가)를 할 수 있게 된다. 이후 장들에서 거의 모두 사용될 기술부터 시작해보자.

선형 회귀 및 로지스틱 회귀의 문제 영역

로지스틱 회귀의 문제 영역을 직관적으로 이해하기 위해 그래픽 표현을 사용한다.

먼저 전체 모델 구축 과정의 주요 목표인 선형 피팅 함수를 보이고, 그다음에는 목표 데이터 분포를 보인다. 분명히 알 수 있듯이 데이터는 이제 이진 특성을 가지며, 샘플은 하나 또는 다른 옵션에 속하며 중간에는 없다. 또한 새로운 유형의 모델링 함수를 소개하고, 나중에 이 함수의 이름을 정하고 속성을 알아 볼 것이다. 이것이 선형 함수와 어떤 관련이 있는지 궁금할 것이다. 나중에 보게 되겠지만, 이것은 선형 함수를 변형해 s 형태가 된다.

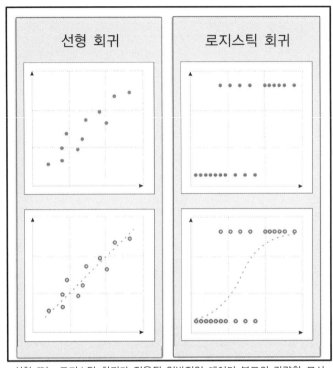

선형 또는 로지스틱 회귀가 적용된 일반적인 데이터 분포의 간략한 묘사

요약하면 선형 회귀는 점차 증가하는 연속적인 값으로 상상할 수 있다. 다른 형태는 x 값에 따라 출력이 두 개의 다른 값을 가질 수 있는 형태다. 이미지 예를 보면 선형 함수는 독립 변수가 증가함에 따라 여러 결과 중 하나를 향하는 추세를 명확히 볼 수 있으며, 시그모이드 함수는 두 개의 출력값이 분리된다. 이 함수는 시간상으로는 분리가 안 되지만, 겹치거나 겹치지 않는 부분에서 추정된 확률을 제공한다.

어떤 점에서는 용어가 다소 혼란스럽다. 연속적인 값을 얻는 회귀를 감안할 때 실제에서 최종 목표는 분류 문제에서 이산 변수로 예측을 만드는 것이다.

여기에서 핵심은 완전히 이산적인 값이 아닌 클래스에 속한 항목의 확률을 얻을 것이라는 점을 이해하는 것이다.

로지스틱 함수의 이전 형태: 로짓 함수

로지스틱 함수를 알아보기 전에 이 함수가 기반으로 하는 로짓[logit] 함수를 살펴보자. 이 함수는 일반적인 속성을 제공한다.

근본적으로 로짓 함수에 대해 말할 때는 확률 변수 p의 함수로 작업한다. 좀 더 구체적으로는 베르누이 분포에 대응된다.

연결 함수

일반화된 선형 모델을 만들고자 하기 때문에 선형 함수로부터 시작해 종속 변수에서 확률 분포로의 매핑을 얻는다.

우리 모델의 출력 유형은 이진 특성을 가져야 하기 때문에 일반적으로 베르누이 분포를 선택하고, 연결 함수는 로지스틱 함수로 이어지는 로짓 함수다.

로짓 함수

이용 가능한 변수 중 하나인 p는 1인 오즈[odds]의 자연 로그이며, 이 함수를 로짓[Logit] 함수라고 한다.[2]

$$\text{logit}(p) = \log\left(\frac{p}{1-p}\right)$$

주어진 확률 p에 대한 오즈 $(p/1-p)$의 로그를 계산하기 때문에 로짓 함수를 log-odd 함수라고 부를 수도 있다.

---

2. 오즈(odds): p의 1-p에 대한 비율, 즉 p/(1-p) – 옮긴이

로짓 함수 속성

시각적으로 추측할 수 있는 것처럼 값에 관계없이 x를 독립 변수의 조합으로 대체하고, x를 음의 무한대에서 무한대로 바꾼다. 그리고 응답을 0에서 1 사이로 조정한다.

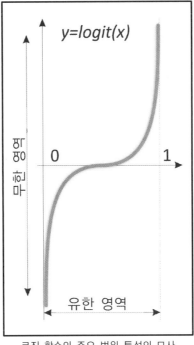

로짓 함수의 주요 범위 특성의 묘사

로짓 역함수의 중요성

로짓 함수의 역을 계산한다고 가정해보자. 로짓의 간단한 역변환은 다음과 같이 표현할 수 있다.

$$\text{logit}^{-1}(\alpha) = \text{logistic}(\alpha) = \frac{1}{1+\exp(-\alpha)} = \frac{\exp(\alpha)}{\exp(\alpha)+1}$$

로짓 함수의 분석적 정의

160

이 함수는 시그모이드 함수다.

시그모이드 또는 로지스틱 함수

로지스틱 함수는 새로운 회귀 작업에서 이진 표현을 할 수 있다. 로지스틱 함수는
다음과 같이 정의된다(명확히 표현하기 위해 독립 변수를 α에서 t로 변경).

$$\sigma(t) = \frac{e^t}{e^t + 1} = \frac{1}{1 + e^{-t}}$$

이 새로운 그림은 신경 회로망 및 기타 애플리케이션의 활성화 함수로 자주 사용되기
때문에 다음에서 자주 볼 수 있다. 다음 그림에서 시그모이드 함수의 그래픽적 표현
이다.

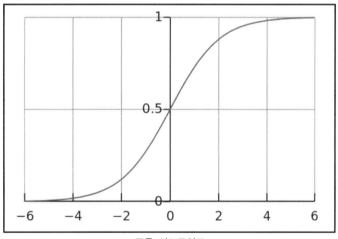

표준 시그모이드

모델링 작업에서 이 함수를 어떻게 해석할 수 있을까? 일반적으로 t는 단순한 독립
변수를 나타낸다. 하지만 t는 단일 설명 변수 x의 선형 함수라고 가정 하면서 이 모델
을 향상 시킬 것이다(t가 여러 설명 변수의 선형 조합인 경우와 비슷하게 다룬다). 다음과
같이 표현할 수 있다.

$$t = \beta_0 + \beta_1 x$$

그래서 다음과 같이 원래의 로직 식을 다시 이용할 수 있다.

$$\text{logit}\left(p\right) = \ln\left(\frac{p}{1-p}\right) = \beta_0 + b_1 x$$

그러면 회귀 수식이 된다. 이 수식은 다음 수식과 같이 회귀된 확률을 제공한다.

$$\hat{p} = \frac{e^{\beta_0 + \beta_1 x_1}}{1 + e^{\beta_0 + \beta_1 x_1}}$$

$\hat{p}$은 추정 확률을 나타낸다는 것을 주목하자. 해에 얼마나 근접하는지 측정할 수 있는 방법은 무엇일까? 물론 신중하게 선택한 손실 함수를 통해 가능하다!

다음 이미지는 가능한 출력이 무한 영역에서 매핑이 어떻게 이뤄지는지를 보여준다. 이 영역은 최종적으로는 [0, 1] 영역으로 축소될 것이며, p는 발생 확률이다. 이것은 로직 함수의 구조와 영역 변환의 간단한 구조로 표현돼 있다(선형에서부터 시그모이드로 모델링된 확률로 변환).

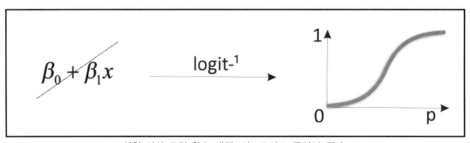

선형 식의 로짓 함수 매핑, 시그모이드 곡선이 된다.

무엇이 선형 함수 파라미터에 영향을 미칠까? 회귀된 값과 실제 데이터 포인트 사이의 오차를 좀 더 정확하게 줄이면서 시그모이드 함수의 중앙 기울기와 0으로부터의 거리를 조정하는 것이 영향을 미친다.

로지스틱 함수의 속성

이 함수 공간에 있는 모든 곡선은 적용할 수 있는 목표들로 설명할 수 있다. 로지스틱 함수의 경우에는 다음과 같다.

- 하나나 하나 이상의 독립 변수에 따라 사건 p의 확률을 모델링. 예를 들어 이전 자격 조건이 주어졌을 때 상을 받을 확률
- 사건이 발생하지 않을 가능성과 관련된 결정된 관찰에 대한 추정치(회귀 부분)
- 이진 응답을 사용해 독립 변수의 변경 효과를 예측
- 결정된 클래스 항목의 확률을 계산해 관측 값을 분류

멀티클래스 애플리케이션: softmax 회귀

지금까지 두 개의 클래스만 있거나 확률적인 용어로는 사건 발생 확률 p를 갖는 경우를 분류했다. 그러나 이 로지스틱 회귀는 많은 클래스를 다루기 위한 형태로 일반화될 수 있다.

앞에서 살펴봤듯이 로지스틱 회귀에서는 레이블이 0과 1이라고 가정했다($y(i) \in \{0, 1\}$).

하지만 softmax 회귀는 $y(i) \in \{1, ..., K\}$를 처리할 수 있게 해준다. 여기서 K는 클래스의 수이고, 레이블 y는 두 개가 아닌 K개의 다른 값을 가질 수 있다.

테스트 입력 x가 주어진 경우 $k=1, ..., K$의 각 값에 대한 $P(y=k|x)$의 확률을 추정하고자 한다. softmax 회귀 분석은 이 출력을 (요소의 합이 1인) K차원 벡터로 만들고, K개의 추정 확률을 제공한다.

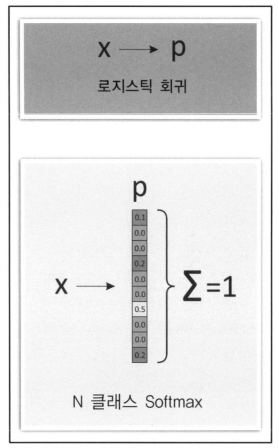

단일 변수 로지스틱 회귀 결과와 N 클래스 Softmax 회귀 간 비교

실제 사례: 로지스틱 회귀 분석을 통한 심장 질환 모델링

매우 유용한 로지스틱 회귀$^{logistic\ regression}$를 실제적인 예에 적용시켜볼 차례다. 이 첫
번째 예에서는 인구 연령을 기준으로 관상 동맥 심장 질환을 앓을 확률을 예측하는
작업을 수행한다. 이것은 고전적인 문제로, 회귀 분석을 이해하기에 적합한 예다.

164

CHDAGE 데이터셋

첫 번째 예제에서는 매우 간단하고 많이 연구된 데이터셋을 사용한다. 이 데이터셋은 데이빗 호스머[David W. Hosmer], 스탠리 레임쇼 주니어[Jr. Stanley Lemeshow] 및 로드니 스터디번트[Rodney X. Sturdivant]가 <Applied Logistic Regression>에서 소개했다. 심장 질환의 위험 인자에 대한 가설 연구가 진행된 100명에 대해 나이를 년도별로 나열하고(AGE), 관상 동맥 심장 질환[CHD, coronary heart disease]의 증거 유무를 나열한다. 테이블에는 식별자 변수 (ID)와 연령 그룹 변수(AGEGRP)도 포함된다.

결과 변수는 **CHD**이며, **CHD**가 없을 때는 0, 있을 때는 1의 값을 갖게 한다. 일반적으로 이 두 개의 값을 어떤 것이라도 사용할 수 있지만 0과 1을 사용하는 것이 가장 편리하다. 이 데이터셋을 **CHDAGE** 데이터라고 한다.

데이터셋 형식

CHDAGE 데이터셋은 외부 저장소에서 다운로드할 수 있고, 두 개의 열을 가진 CSV 파일이다. 앞에서는 데이터셋을 읽기 위해 텐서플로[TensorFlow] 메소드를 사용했다. 4장 에서는 데이터를 얻기 위해 사용하기 쉽고 인기 있는 라이브러리를 사용한다.

이 새로운 라이브러리를 사용하는 이유는 데이터 집합에 100개의 튜플이 있어서 한 줄로 읽는 것이 현실적이기 때문이다. 간단하고 강력한 분석을 panda 라이브러리로 할 수 있다.

이 프로젝트의 첫 번째 단계는 **CHDAGE** 데이터셋의 항목을 불러 오는 것이다. 그런 다음 데이터에 대한 중요한 통계를 출력하고, 전처리를 진행한다. 데이터의 일부를 플롯하고 softmax 함수가 활성화 함수로 구성된 모델을 구축한다. 이 모델은 (병이 있거나 그렇지 않은) 두 개의 클래스만 갖고 있는 표준 로지스틱 회귀다.

필요한 라이브러리를 불러오면서 시작하자.

```
import numpy as np
import pandas as pd
from sklearn import datasets
from sklearn import linear_model
import seaborn.apionly as sns
%matplotlib inline
import matplotlib.pyplot as plt
sns.set(style='whitegrid', context='notebook')
```

pandas의 read_csv를 사용해 CSV 원본 파일에서 데이터셋을 읽고 matplotlib의 산포 scatter 함수를 사용해 데이터 분포를 그리자. 이것을 보면 나이에 따른 분명한 패턴이 있다는 것을 볼 수 있다. 나이가 증가함에 따라 심장 질환 존재와 관계가 있다.

```
df = pd.read_csv("data/CHD.csv", header=0)
plt.figure()                          #새로운 그림 생성
plt.axis([0,70,-0.2,1.2])
plt.title('Original data')
plt.scatter(df['age'],df['chd'])      #산포도 그림
datapoints
```

다음은 원본 데이터의 현재 플롯이다.

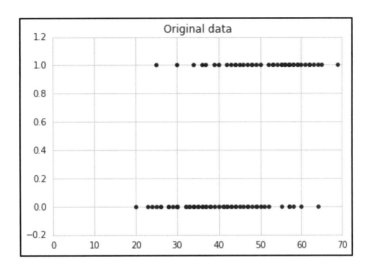

이제 scikit-learn의 로지스틱 회귀 객체를 사용해 로지스틱 회귀 모델을 만든 다음 fit 함수를 호출한다. 이 함수는 훈련 데이터의 예측 오차를 최소화하는 시그모이드를 만든다.

```
logistic = linear_model.LogisticRegression(C=1e5)
logistic.fit(df['age'].values.reshape(-1, 1),df['chd'].values.reshape(-1, 1))

LogisticRegression(C=100000.0, class_weight=None, dual=False,
        fit_intercept=True, intercept_scaling=1, max_iter=100,
        multi_class='ovr', n_jobs=1, penalty='l2', random_state=None,
        solver='liblinear', tol=0.0001, verbose=0, warm_start=False)
```

이제 결과를 나타낼 차례다. 10년에서 90년 사이에 100개의 구획을 갖는 선형 공간을 생성할 것이다.

각 영역의 샘플에 대해 발생 확률(1)과 발생하지 않을 확률(0, 이전 값의 역)을 보여준다.

또한 원래 데이터 점과 함께 예측 값을 보여줘서 하나의 그래프로 모든 요소를 대응시킬 수 있다.

```
x_plot = np.linspace(10, 90, 100)
oneprob = []
zeroprob = []
predict = []
plt.figure(figsize=(10,10))
for i in x_plot:
    oneprob.append (logistic.predict_proba(np.array([[i]]))[0][1]);
    zeroprob.append (logistic.predict_proba(np.array([[i]]))[0][0]);
    predict.append (logistic.predict(np.array([[i]]))[0]);

plt.plot(x_plot, oneprob);
plt.plot(x_plot, zeroprob)
plt.plot(x_plot, predict);
plt.scatter(df['age'], df['chd'])
```

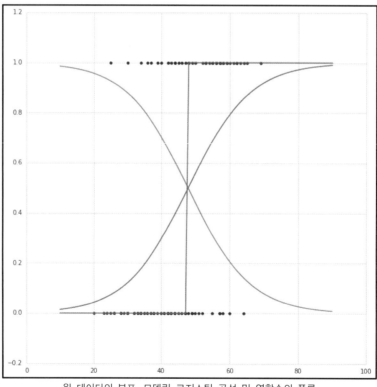

원 데이터의 분포, 모델링 로지스틱 곡선 및 역함수의 플롯

▌ 요약

4장에서는 단순하고 확실한 함수를 사용해 데이터 모델링 문제를 다루는 주요한 방법을 알아봤다.

5장에서는 단순한 피드포워드 네트워크부터 시작한다. 그리고 더 복잡한 모델을 사용해 더 높은 수준의 추상화를 처리할 수 있는 정교한 모델을 사용한다. 이 모델들은 최근 등장한 무척 다양한 데이터셋에 매우 유용할 것이다.

▌ 참고 자료

- Galton, Francis, "Regression towards mediocrity in hereditary stature." The Journal of the Anthropological Institute of Great Britain and Ireland 15(1886): 246-263.

- Walker, Strother H., and David B. Duncan, "Estimation of the probability of an event as a function of several independent variables." Biometrika 54.1-2(1967): 167-179.

- Cox, David R, "The regression analysis of binary sequences." Journal of the Royal Statistical Society. Series B(Methodological)(1958): 215-242.

05

신경망

일상적인 장치에서 동작하는 놀라운 응용 예들(자동 음성 변환, 그림 스타일 전송, 샘플에서 새로운 그림을 생성 할 수 있는 기능)을 보고 머신 러닝에 관심을 갖게 됐을 것이다. 이런 것을 가능하게 하는 기술로 한 발짝씩 다가가고 있다.

살펴본 선형 및 로지스틱 모델은 매우 확실하고 효율적인 해결책의 기본이 될지라도 데이터셋을 훈련시킬 때 복잡도에 있어서 한계가 있다.

작가의 글 쓰는 스타일, 고양이와 강아지 이미지의 개념, 시각적 요소를 통한 식물의 분류를 파악하려면 모델이 얼마나 복잡해야 할까? 이것을 가능하게 하려면 저차원과 고차원의 엄청난 특징들을 혼합할 필요가 있으며, 우리 뇌의 경우 뉴론 세트로 이뤄지며, 컴퓨터 과학에서는 신경 모델로 이뤄진다.

이 책에서는 먼저 신경 시스템에 대한 일반적인 소개와 시스템의 능력, 신경 시스템의 뉴런 수, 화학적 특성 등을 다룬다. 이 주제들이 어렵게 느껴질 수도 있겠지만, 앞으로 다루고자 하는 모델을 계산하는 데 활용되는 간단한 수식들이고, 알고리즘에 관심 있는 사람들이 쉽게 이해할 수 있도록 설명하겠다.

5장에서는 다루는 내용은 다음과 같다.

- 퍼셉트론과 ADALINE을 비롯한 신경 모델의 역사
- 신경망과 이것이 해결한 문제의 종류
- 다층 퍼셉트론
- 이진 함수 모델링을 위한 간단한 신경 계층 구현

5장에서는 일상에서 볼 수 있는 머신 러닝의 멋진 응용 예들의 구성 요소를 알아본다. 시작해보자!

▎ 신경 모델의 역사

신경 모델은 뇌가 내부적으로 어떻게 동작하는지를 표현을 연구하는 학문이며, 오래 전부터 컴퓨터 과학과 긴밀한 관계를 가져왔다. 심지어 1940년대 중반에 초기 현대 컴퓨터가 발명된 시기까지 거슬러 올라간다.

그 당시 신경 과학과 컴퓨터 과학 분야는 뇌가 정보를 처리하는 방법을 모방하는 방법의 연구를 통해 협력을 했고, 뇌의 기본 요소인 뉴런부터 시작했다.

인간 두뇌의 학습 기능을 표현하는 최초의 수학적 방법은 맥클러치[McCulloch]와 피츠[Pitts]가 1943년에 발표한 <A Logical Calculus of Ideas Immanent in Nervous Activity>에서 시작됐다.

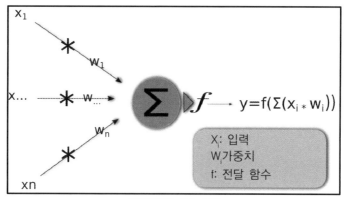

맥클러치와 피츠 모델

이 간단한 모델은 기초적이지만 실제적인 학습 알고리즘 모델이었다. 선형 함수를 전달 함수로 사용하면 어떨까?. 이것은 4장에서 본 것과 같은 단순한 선형 모델이다.

 모델에서 조정할 파라미터를 나타내기 위해 w 문자를 사용하고 있다는 것을 확인할 수 있다. 지금부터는 이 관례를 따른다. 선형 회귀 모델에서 사용된 β 파라미터는 이제 w가 될 것이다.

그러나 모델은 파라미터를 조정하는 방법을 결정하지 않았다. 1950년대로 가서 퍼셉트론 모델을 검토해보자.

퍼셉트론 모델

퍼셉트론 모델은 인공 뉴런을 구현하는 가장 간단한 방법 중 하나다. 1950년대 말에 처음으로 개발됐으며, 첫 번째 하드웨어 구현은 1960년대에 진행됐다. 이것은 먼저 머신의 이름이었고 나중에는 알고리즘의 이름이 됐다. 그렇다, 퍼셉트론은 생각한 것처럼 이상한 요소는 아니며 개발자가 매일 다루는 알고리즘이다. 다음 단계를 살펴보고 어떻게 작동하는지 알아보자.

1. 임의(작은 값) 분포로 가중치를 초기화한다.

2. 입력 벡터를 선택하고 네트워크에 사용한다.

3. 지정한 입력 벡터와 가중치 값에 대한 네트워크의 출력 y'를 계산한다.

   퍼셉트론의 함수는 다음과 같다.

$$f(x) = \begin{cases} 1 & if \quad w \cdot x + b > 0 \\ 0 & otherwise \end{cases}$$

4. $y' \neq y$이면 변경 사항 $\Delta w = yx_i$를 추가해 모든 연결 w_i를 수정한다.

5. **2**단계로 돌아간다.

기본적으로 이진 분류 함수를 학습하고 실제 함수를 단일 이진 함수로 매핑하는 알고리즘이다.

퍼셉트론의 새로운 구조를 알아보고 다음 다이어그램에서 알고리즘의 새로운 구성을 분석해보자.

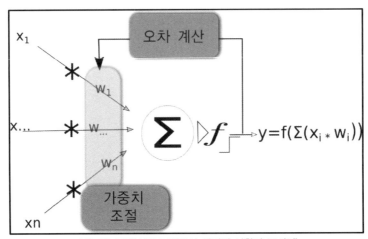

퍼셉트론 모델(이전 모델에서 변경된 사항이 표시됨)

174

퍼셉트론^{perceptron}은 이전의 아이디어를 바탕으로 만들어졌지만, 새로운 점은 여기에 적절한 학습 메커니즘이 추가됐다는 점이다. 다음 다이어그램에서는 사전에 정한 수식을 가진 모델의 새로운 특성(출력 오차를 계산하는 피드백 루프와 가중치 조정)을 강조했다.

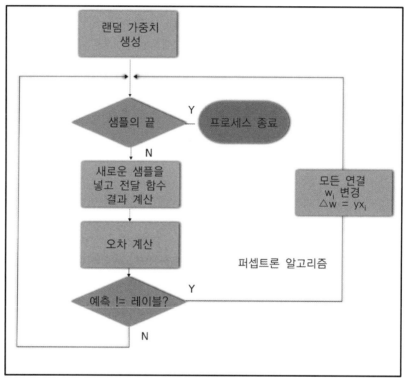

퍼셉트론 알고리즘 흐름도

예측 값 개선: ADALINE 알고리즘

ADALINE은 신경망을 훈련시키는 데 사용되는 또 다른 알고리즘이다. ADALINE은 새로운 훈련 방법을 추가하기 때문에 퍼셉트론보다 더 진보된 기술이다. 이 새로운 훈련 방법은 이미 알고 있는 그래디언트 디센트다. 활성화 출력이 가중치의 합계에 적용되기 전에 오차가 측정된 지점을 변경하는 과정이 추가됐다.

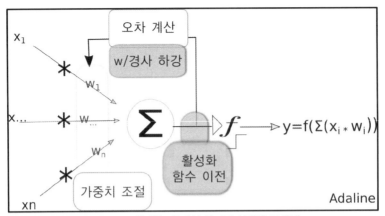

Adaline 모델(퍼셉트론에서 추가된 사항이 표시됨)

다음은 구조적인 방식으로 ADALINE 알고리즘을 표현하는 일반화된 방법이다. 알고리즘은 연속된 단계로 구성돼 있으므로, 몇 가지 추가적인 수학적 세부 사항을 포함한 조금 자세한 방법으로 종합해보자.

1. 임의(작은 값) 분포로 가중치를 초기화한다.
2. 입력 벡터를 선택하고 네트워크에 사용한다.
3. 지정한 입력 벡터와 가중치 값에 대한 네트워크의 출력 y'를 계산한다.
4. 사용할 출력 값은 합계 후의 출력 값이다.

$$y = \Sigma(x_i * w_i)$$

5. 모델 출력을 올바른 레이블 o와 비교해 오차를 계산한다.

$$E = (o-y)^2$$

이미 살펴본 것과 비슷하지 않은가? 그렇다. 지금 기본적으로 회귀 문제를 풀고 있는 것이다.

6. 다음과 같은 반복적인 그래디언트 디센트를 사용해 가중치를 조정한다.

$$w \leftarrow w + \alpha(o - y)x$$

7. 2단계로 돌아간다.

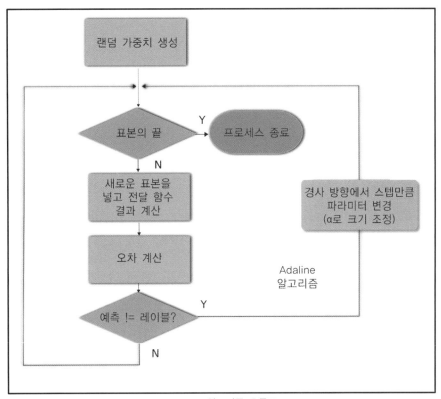

Adaline 알고리즘 흐름도

퍼셉트론과 ADALINE의 유사점과 차이점

현대 신경망의 선도적인 구조에 대한 간단한 설명을 다뤘다. 이처럼 현대 모델의 요소
는 1950년대와 1960년대에 거의 모두 나왔다! 계속하기 전에 두 접근법을 비교해보자.

- 유사점
    - 둘 다 알고리즘이다(이 점이 중요하다).
    - 단층 신경 모델에 적용된다.
    - 둘 다 이진 분류를 위한 분류기다.
    - 둘 다 선형 결정 경계를 가진다.
    - 둘 다 샘플별로 반복적으로 학습할 수 있다(퍼셉트론은 우너래 학습 가능하며, 확률적 그래디언트 디센트를 사용해 ADALINE을 학습할 수 있다).
    - 둘 다 임계 함수를 사용한다.
- 차이점
    - 퍼셉트론은 가중치를 훈련하기 위해 최종 분류 결정 값을 사용한다.
    - ADALINE은 연속적인 예측 값(입력 값의 합)을 사용해 모델 계수를 학습하고, 불리언 또는 정수가 아닌 연속적인 부동소수점 값으로 오차의 미묘한 변화를 측정한다.

단일 계층 구조와 모델들을 끝내기 전에 1960년대 말에 발견한 몇 가지 제한점을 살펴볼 것이다. 이것은 신경 모델 공동체에 상당한 자극을 줬으며, 이런 발견들로 인해 첫 번째 AI 겨울이 생기거나 머신 러닝 연구에 대한 연구가 급격히 사람들의 관심에서 멀어지게 됐다. 다행히 몇 년 후 연구자들은 직면한 한계를 극복할 수 있는 방법을 찾아냈고, 5장에서 이에 대해 더 자세히 다룬다.

초기 모델의 한계

모델 자체는 이제 보통 신경 모델의 요소 대부분을 갖게 됐지만, 자체적인 문제가 있었다. 수년간의 빠른 개발로 인해 민스키[Minsky]와 페퍼트[Papert]에 의해 1969년에 『Perceptrons』라는 책이 출판됐고, 해당 분야에 영향을 미쳤다. 이 책에서는 퍼셉트론은 선형 분리 가능한 문제에서만 동작한다고 했고, 이 문제는 해당 분야의 사람들이 해결할 수 있다고 생각했던 문제들 중에서 극히 일부였다. 어떤 의미에서 이 책은 가장 간단한 분류 작업을 제외하고는 퍼셉트론이 쓸모없다는 사실을 입증했다.

이 새롭게 발견된 결함은 해당 모델이 XOR 함수를 표현할 수 없기 때문에 나타난다. XOR 함수는 입력이 다를 때 1을 출력하고, 같을 때는 0을 출력하는 불리언(Boolean) 함수다.

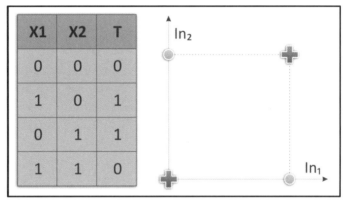

XOR 함수를 모델링할 때의 문제. 한 개의 선으로 0과 1 값을 올바르게 구분하지 못한다.

이 다이어그램에서 볼 수 있듯이 어떠한 클래스(십자가나 점으로)도 선형적으로 분리하지 못한다. 즉 평면에 있는 어떠한 선형 함수로도 분리할 수 없다.

이 문제로 인해 이 분야의 활동을 감소시켰으며, 1970년 중반에 시작된 역전파 알고리즘이 개발될 때까지 약 5년 동안 지속됐다.

단층 및 다층 퍼셉트론

이제는 좀 더 최근의 방법에 대해 알아보자. 이는 이전 컨셉에 좀 더 복잡한 요소를 사용해 실제적인 요소를 모델링할 수 있게 됐다.

> 이 절에서는 가장 일반적으로 사용되는 구성인 다층 퍼셉트론(MLP, multilayer perceptrons)를 직접 알아보고 단층 퍼셉트론을 일반적인 이전 방법으로 설정해 차이점을 보인다.

단층 및 다층 퍼셉트론은 1970년대와 1980년대에 가장 일반적으로 사용된 구조였으며, 신경 시스템의 능력 측면에서 큰 발전을 이뤘다. 이 방법들이 가져오는 주요 혁신은 다음과 같다.

- 입력에서 시작해서 다음 계층으로 갈 때 순환 없이 진행되기 때문에 이 네트워크들은 피드포워드 네트워크다(정보가 돌아오지 않음).
- 역전파 방법을 사용해 가중치를 조정한다.
- 단계^{step} 함수를 전달 함수로 사용했던 것을 시그모이드와 같은 비선형 함수로 대체한다.

MLP 탄생

단일 유닛 신경 모델의 가능성을 발견한 다음에는 계층을 만들거나 공통적으로 연결된 유닛을 만들었다(연결을 한 유닛의 출력을 다른 유닛의 합계의 일부로 보내는 동작으로 정의).

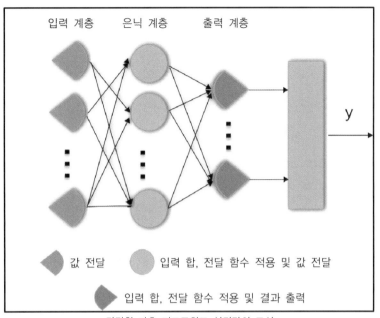

입력 계층   은닉 계층   출력 계층

y

값 전달

입력 합, 전달 함수 적용 및 값 전달

입력 합, 전달 함수 적용 및 결과 출력

간단한 다층 피드포워드 신경망의 묘사

피드포워드 메커니즘

이 네트워크의 동작 단계에서 데이터는 첫 번째 계층에 입력되고, 각 유닛에서 다음 계층의 해당 유닛으로 전달된다. 그런 다음 더해져서 숨겨진 계층으로 전달되고 마지막으로 출력 계층에서 처리된다. 이 과정은 전적으로 단방향이므로 데이터 흐름에서 반복에 의한 복잡성을 피할 수 있다.

MLP에서 피드포워드 메커니즘과는 반대되는 과정으로 훈련 과정이 있으며, 이는 모델 성능을 향상시킨다. 일반적으로 선택되는 알고리즘은 **역전파**backpropagation다.

선택된 최적화 알고리즘: 역전파

퍼셉트론 알고리즘 이후부터 모든 신경 구조에는 기준 값과 모델의 출력 값 비교를 통해 내부 파라미터를 최적화하는 방법이 있었다. 일반적인 가정은 (단순한) 모델 함수의 미분을 취해 반복적으로 최솟값을 향해 동작하는 것이다.

복잡한 다층 네트워크의 경우 추가 오버 헤드가 있다. 출력 계층의 출력은 연속적으로 각 계층의 출력이 다음 계층으로 전달되는 합성 함수의 결과다. 따라서 결과의 미분은 대단히 복잡한 함수의 미분이 필요하다. 이 경우에 역전파 방법이 제안됐고, 우수한 결과를 보여줬다.

 역전파는 미분을 계산하는 알고리즘으로 요약할 수 있다. 주된 특성은 계산이 효율적이고 복잡한 함수와 잘 동작한다는 것이다. 이것은 이미 알고 있는 선형 퍼셉트론의 최소 평균 제곱 알고리즘의 일반화된 형태이기도 하다.

역전파 알고리즘에서 오차는 전체 구조에서 데이터가 적용된 모든 함수에 분산된다. 따라서 목표는 이 오차를 최소화하는 것이다. 이 오차는 깊게 합성된 함수 집합에서의 손실 함수의 그래디언트 값에 반영되고, 이를 위해 체인 규칙을 이용할 수 있다.

이제 다음 단계에 따라 신경망의 최신 버전에 대한 일반 알고리즘을 정의해보자.

1. 입력에서 출력으로 피드포워드 신호를 계산한다.
2. 예측 값 a_k와 목표 값 t_k로 출력 오차 E를 계산한다.
3. 오차 신호를 이전 계층의 가중치와 연관된 활성 함수의 그래디언트로 가중치를 적용해 역전파한다.
4. 역전파 오차 신호와 입력의 피드포워드 신호를 기반으로 파라미터에 대한 그래디언트 $\delta E / \delta \theta$를 계산한다.
5. 계산된 그래디언트 $\theta \leftarrow \theta - \eta \ \delta E / \delta \theta$를 사용해 파라미터를 업데이트한다.

이 과정을 그래픽으로 다시 살펴보자.

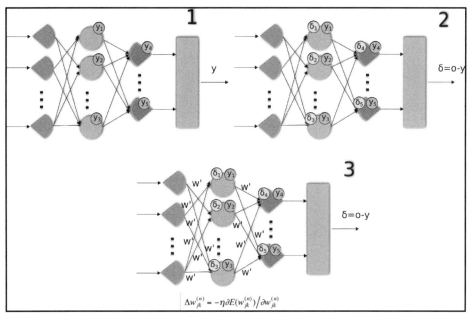

피드포워드 및 역전파 훈련 과정의 단계별 표현

다음 다이어그램은 전체 프로세스를 알고리즘으로 나타낸다. 이전의 최적화 방법과 공통된 부분을 볼 수 있으며, 적은 수의 계산 블록이 있다는 것을 알 수 있다.

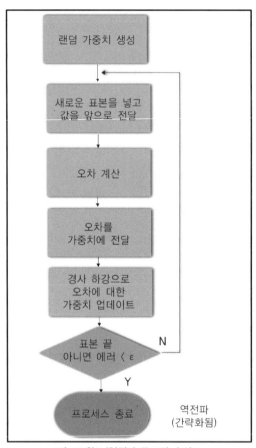

피드포워드/역전파 구조의 순서도

다룰 문제의 유형

신경 회로망은 회귀 문제와 분류 문제 모두에 사용할 수 있다. 일반적인 구조의 차이점은 출력 계층에 있다. 실수$^{real\ number}$ 결과를 출력하려면 시그모이드와 같은 표준화 함수를 적용하지 않아야 한다. 이런 식으로 변수의 결과를 연속된 값을 갖는 값으로 출력해서 출력을 여러 클래스 값 중 하나의 값으로 변경하지 않을 것이다. 다룰 문제의 유형을 알아보자.

184

- **회귀/함수 근사 문제:** 이 유형의 문제는 최소 자승 오차 함수, 선형 출력 활성화 함수 및 시그모이드 형태의 숨겨진 활성 함수를 사용한다. 이것으로 실제 출력 값을 낸다.

- **분류 문제(2개의 클래스, 1개의 출력):** 이런 종류의 문제에서는 일반적으로 크로스엔트로피 비용 함수, 시그모이드 출력 및 숨겨진 활성화 함수를 갖는다. 시그모이드 함수는 클래스 중 하나의 발생 또는 발생하지 않을 가능성을 알려준다.

- **분류 문제(다중 클래스, 클래스당 하나의 출력):** 이런 종류의 문제에서는 소프트맥스 출력과 시그모이드 숨겨진 활성화 함수를 가진 크로스엔트로피 비용 함수를 이용하며, 단일 입력에 대해 각 클래스의 출력 확률을 계산한다.

▌단층 퍼셉트론으로 간단한 함수 구현

단층 퍼셉트론을 갖는 단일 함수를 구현하기 위한 다음 코드 조각을 살펴보자.

```
import numpy as np
import matplotlib.pyplot as plt
plt.style.use('fivethirtyeight')
from pprint import pprint
%matplotlib inline
from sklearn import datasets
import matplotlib.pyplot as plt
```

전달 함수 유형 정의 및 그래프화

신경망의 학습 특성은 단일 변량 선형 분류기만으로는 그다지 좋지 않을 것이다. 머신러닝에서 다소 복잡한 문제조차도 여러 비선형 변수를 포함하므로, 퍼셉트론의 전달 함수를 대체하기 위해 많은 변형된 형태가 개발됐다.

비선형 모델을 나타내기 위해 활성화 함수에서 여러 가지 다른 비선형 함수를 사용할 수 있다. 이것은 입력 변수의 변화가 뉴런의 변화에 영향을 미치는 것을 의미한다. 주요한 여러 전달 함수를 정의하고, 코드 작성을 통해 이를 정의하고 표현할 것이다.

이 절에서는 문제의 항목을 나타내기 위해 파이썬의 **객체지향 프로그래밍**[OOP, Object Oriented Programming] 기술을 사용하려 한다. 이것은 예제에서 훨씬 더 명확한 방법으로 개념을 표현할 수 있게 해준다.

TransferFunction 클래스를 만들어보자. 이 클래스는 다음과 같은 두 가지 함수를 포함한다.

- **getTransferFunction(x):** 이 함수는 클래스 종류에 따라 결정되는 활성화 함수를 반환한다.
- **getTransferFunctionDerivative(x):** 이 함수는 함수의 미분을 반환한다.

두 함수에서 입력은 NumPy 배열이며, 함수는 다음과 같이 요소별로 적용된다.

```
>class TransferFunction:
    def getTransferFunction(x):
        raise NotImplementedError
    def getTransferFunctionDerivative(x):
        raise NotImplementedError
```

전달 함수 표현 및 이해

전달 함수가 어떻게 동작하는지 보기 위해 다음 코드 조각을 살펴보자.

```
def graphTransferFunction(function):
    x = np.arange(-2.0, 2.0, 0.01)
    plt.figure(figsize=(18,8))

    ax = plt.subplot(121)
    ax.set_title(function.__name__)
    plt.plot(x, function.getTransferFunction(x))

    ax = plt.subplot(122)
    ax.set_title('Derivative of ' + function.__name__)
    plt.plot(x, function.getTransferFunctionDerivative(x))
```

시그모이드 또는 로지스틱 함수

시그모이드 또는 로지스틱 함수는 표준 활성화 함수며, 분류 문제에서 확률을 계산하는 데 적합하다. 먼저 전달 함수를 그리는 데 사용되는 함수와 미분을 -2.0에서부터 2.0 영역에 준비 하자. 이것으로 이 함수와 미분의 y축 주위에서의 특성을 볼 수 있다.

시그모이드 함수의 일반적인 형식은 다음과 같다.

```
class Sigmoid(TransferFunction): #Squash 0,1
    def getTransferFunction(x):
        return 1/(1+np.exp(-x))
    def getTransferFunctionDerivative(x):
        return x*(1-x)

graphTransferFunction(Sigmoid)
```

다음 그래프를 살펴보자.

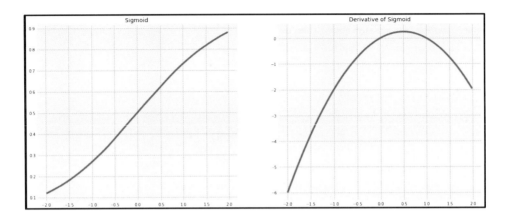

시그모이드 다루기

다음으로 최종 함수가 최솟값에 도달하도록 가중치가 곱해지고 편향 값으로 이동됐을 때 시그모이드 함수가 어떻게 변하는지에 대한 아이디어를 얻기 위한 작업을 해보자. 이제 단일 시그모이드에서 가능한 파라미터를 먼저 변경해서 늘리고 이동해보자.

```
ws=np.arange(-1.0, 1.0, 0.2)
bs=np.arange(-2.0, 2.0, 0.2)
xs=np.arange(-4.0, 4.0, 0.1)
plt.figure(figsize=(20,10))
ax=plt.subplot(121)
for i in ws:
    plt.plot(xs, Sigmoid.getTransferFunction(i *xs),label= str(i));
ax.set_title('Sigmoid variants in w')
plt.legend(loc='upper left');

ax=plt.subplot(122)
for i in bs:
    plt.plot(xs, Sigmoid.getTransferFunction(i +xs),label= str(i));
ax.set_title('Sigmoid variants in b')
plt.legend(loc='upper left');
```

다음 그래프를 살펴보자.

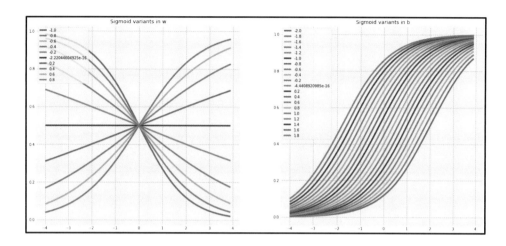

다음 코드 조각을 살펴보자.

```
class Tanh(TransferFunction): #Squash -1,1
    def getTransferFunction(x):
        return np.tanh(x)
    def getTransferFunctionDerivative(x):
        return np.power(np.tanh(x),2)
    graphTransferFunction(Tanh)
```

다음 그래프를 살펴보자.

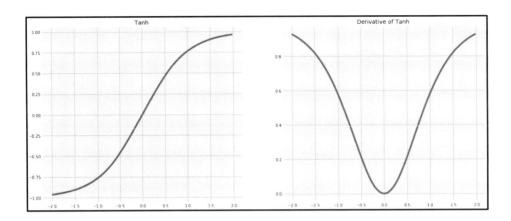

정류된 선형 유닛

정류된 선형 유닛^{ReLU, Rectified Linear Unit}의 주된 장점 중 하나는 그래디언트 값이 사라지는 문제에 영향을 받지 않는다는 것이다. 이 문제는 네트워크의 첫 번째 계층에서 0에 가까운 값이나 아주 작은 값을 갖는 문제다.

```
class Relu(TransferFunction):
    def getTransferFunction(x):
        return x *(x>0)
    def getTransferFunctionDerivative(x):
        return 1 *(x>0)
    graphTransferFunction(Relu)
```

다음 그래프를 살펴보자.

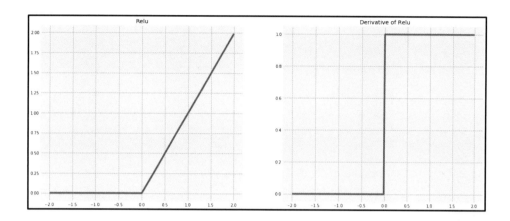

선형 전달 함수

선형 전달 함수를 이해하기 위해 다음 코드 조각을 살펴보자.

```
class Linear(TransferFunction):
    def getTransferFunction(x):
        return x
    def getTransferFunctionDerivative(x):
        return np.ones(len(x))
    graphTransferFunction(Linear)
```

다음 그래프를 살펴보자.

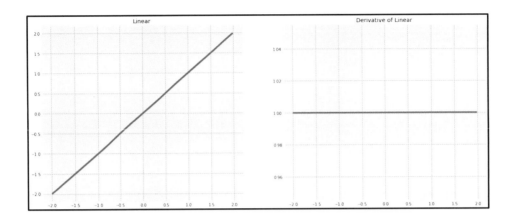

신경망을 위한 손실 함수 정의

머신 러닝의 모든 모델과 마찬가지로 예측과 분류가 얼마나 잘됐는지를 결정하는 데 사용할 수 있는 함수들을 모색한다.

첫 번째 유형의 구분은 L1과 L2 오차 함수 유형 사이에서 이뤄진다.

L1은 최소 절대 편차^{LAD, least absolute deviations} 또는 최소 절대 오차^{LAE, least absolute errors}로도 알려져 있으며, 매우 흥미로운 특성을 갖고 있다. 다음과 같이 모델의 최종 결과와 예상 결과의 절댓값 차이로 간단히 구성된다.

$$S = \sum_{i=1}^{n} |y_i - f(x_i)|.$$
$$S = \sum_{i=1}^{n} (y_i - f(x_i))^2$$

L1과 L2의 속성 비교

이제 손실 함수의 두 가지 유형을 일대일로 비교할 차례다.

- **강인성**: L1이 더욱 강력한 손실 함수다. 이 함수는 이상치가 있을 때 저항

정도를 표현한다. 이 함수는 2차 함수를 아주 큰 값으로 만든다. 그래서 L2 함수를 선택할 때 효율적이기 위해서는 아주 엄격한 데이터 정리 작업을 해야 한다.

- **안정성:** 안정성 속성은 큰 오차 값에 대해 오차 곡선이 얼마만큼 증가하는지를 평가한다. L1은 특히 정규화되지 않은 데이터셋의 경우 불안정하다([-1, 1] 범위의 숫자는 제곱할 때 작아짐).

- **해의 유일성:** 이차 함수의 특징으로부터 추측할 수 있는 것처럼 L2 함수는 최솟값을 찾을 때 유일한 값을 답을 갖는 것을 보장한다. L2는 항상 유일한 해를 갖지만, L1은 많은 해를 가질 수 있다. 연속된 선형 함수로 구성된 모델의 경우 최소 거리를 갖는 많은 경로를 찾을 수 있고, L2의 경우에는 단일 직선 거리를 갖는다.

사용 측면에서는 이 속성들을 고려해보면 일반적인 경우에 L2 오차 유형을 사용할 수 있다. 특히 고유한 해를 갖기 때문에 오차 값을 최소화할 때는 확실히 필요하다. 첫 번째 예에서는 교육 목적으로 좀 더 간단한 L1 오차 함수부터 다루겠다.

샘플 L1과 L2 손실 오차 함수에 대한 오차 결과를 그래프로 표시해 이 두 가지 접근법을 살펴보자. 다음 간단한 예제에서는 두 가지 오차에 대한 매우 다른 특성을 보여준다. 처음 두 예제에서 입력 값을 -1과 1 사이에서 정규화하고, 이 범위를 벗어나는 값으로 정규화했다.

그림에서 알 수 있듯이 샘플 0에서 3까지는 이차 오차가 지속적으로 증가하지만 정규화되지 않은 데이터의 경우 발산할 수 있다. 특히 다음과 같은 코드에서 볼 수 있듯이 이상치를 사용하면 발산한다.

```
sampley_=np.array([.1,.2,.3,-.4, -1, -3, 6, 3])
sampley=np.array([.2,-.2,.6,.10, 2, -1, 3, -1])

ax.set_title('Sigmoid variants in b')
```

```python
plt.figure(figsize=(10,10))
ax=plt.subplot()
plt.plot(sampley_ - sampley, label='L1')
plt.plot(np.power((sampley_ - sampley),2), label="L2")
ax.set_title('L1 vs L2 initial comparison')
plt.legend(loc='best')
plt.show()
```

다음 그래프를 살펴보자.

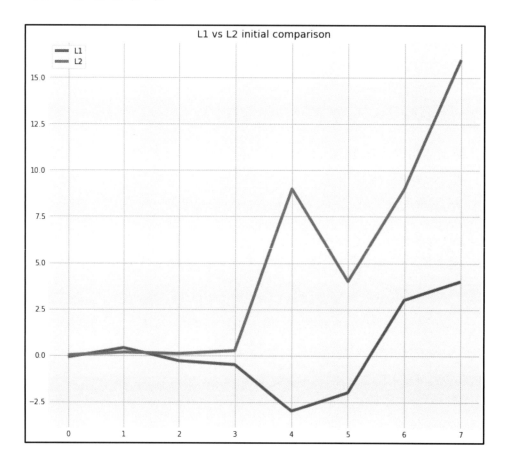

손실 함수를 LossFunction 클래스 형태로 정의하고 L1과 L2 손실 함수에 대해 getLoss 메소드를 정하자. 이 함수는 두 개의 NumPy 배열을 파라미터로 받으며, y_는 추정한 함수의 값이며, y는 기댓값이다.

```python
class LossFunction:
    def getLoss(y_ , y ):
        raise NotImplementedError

class L1(LossFunction):
    def getLoss(y_, y):
        return np.sum(y_ - y)

class L2(LossFunction):
    def getLoss(y_, y):
        return np.sum(np.power((y_ - y),2))
```

이제 목표 함수를 정의할 때다. 이 함수는 단순한 불리언으로 정의할 것이다. 빠른 수렴을 위해 첫 번째 입력 변수와 함수 결과 사이에 직접적인 관계를 가질 것이다.

```python
# 입력 데이터셋
X = np.array([   [0,0,1],
                 [0,1,1],
                 [1,0,1],
                 [1,1,1] ])

# 출력 데이터셋
y = np.array([[0,0,1,1]]).T
```

사용할 첫 번째 모델은 아주 최소한의 신경망으로, 세 개의 셀과 각각의 셀에 가중치를 가지며 편향 값은 없다. 이는 모델의 복잡성을 최소로 유지하기 위해서다.

```
#평균 0으로 가중치를 랜덤하게 초기화
W = 2*np.random.random((3,1)) - 1
print(W)
```

이 코드를 실행해서 생성된 다음 출력을 살펴보자.

```
[[ 0.52014909]
 [-0.25361738]
 [ 0.165037 ]]
```

그런 다음 모델의 오차, 가중치 및 훈련 결과 진행을 수집하는 변수 집합을 정의한다.

```
errorlist=np.empty(3);
weighthistory=np.array(0)
resultshistory=np.array(0)
```

그런 다음 반복적인 오차 최소화를 할 차례다. 이 경우 true 테이블 전체를 가중치와 뉴론의 전달 함수에 100번 전달한다. 이 과정에서 오차의 방향에서 가중치를 조정한다.

이 모델은 학습률을 사용하지 않으므로 빠르게 수렴(또는 발산)하는 것을 확인하자.

```
for iter in range(100):
    #포워드 전파
    l0 = X
    l1 = Sigmoid.getTransferFunction(np.dot(l0,W))
    resultshistory = np.append(resultshistory , l1)

    #오차 계산
    l1_error = y - l1
    errorlist=np.append(errorlist, l1_error)

    #역전파 1: 델타 받기
```

```
l1_delta = l1_error * Sigmoid.getTransferFunctionDerivative(l1)

#가중치 업데이트
W += np.dot(l0.T,l1_delta)
weighthistory=np.append(weighthistory,W)
```

출력 값 l1로 출력해 마지막 평가 단계를 간단히 살펴보자. 이제 문자 그대로 원래 함수의 결과를 반영하고 있음을 알 수 있다.

```
print(l1)
```

이 코드를 실행해 생성되는 다음 출력을 살펴보자.

```
[[ 0.11510625]
 [ 0.08929355]
 [ 0.92890033]
 [ 0.90781468]]
```

이 과정을 더 잘 이해하기 위해서 파라미터가 시간에 따라 어떻게 변하는지 살펴보자. 먼저 뉴런의 가중치를 그래프로 살펴보자. 보이는 것처럼 이들은 랜덤 상태에서 첫 번째 열(항상 오른쪽)의 전체 값을 허용하고, 두 번째 열(시간의 오른쪽 50%)에 대해 거의 0으로 이동한다. 그리고 -2로 이동한다(테이블의 처음 두 개 요소에서 0을 발생해야 하기 때문이다).

```
plt.figure(figsize=(20,20))
print(W)
plt.imshow(np.reshape(weighthistory[1:],(-1,3))[:40],
      cmap=plt.cm.gray_r,
      interpolation='nearest');
```

이 코드를 실행해 생성되는 다음 출력을 살펴보자.

```
[[ 4.62194116]
 [-0.28222595]
 [-2.04618725]]
```

다음 스크린 샷을 살펴보자.

최종 반복 횟수에 도달할 때까지 값이 (처음 40 반복 동안) 어떻게 변하는지를 검토해보자. 이상적인 값으로 수렴하는 것을 명확히 볼 수 있다.

```
plt.figure(figsize=(20,20))
plt.imshow(np.reshape(resultshistory[1:],(-1,4))[:40],
    cmap=plt.cm.gray_r,
    interpolation='nearest');
```

다음 스크린 샷을 살펴보자.

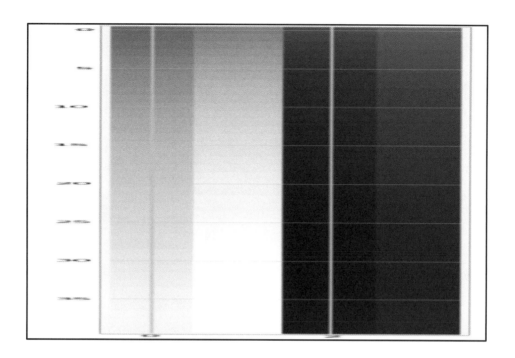

오차가 어떻게 변하고 여러 세대를 거쳐 0이 되는지를 볼 수 있다. 이 경우 처음에
L1 오차 함수를 사용했기 때문에 음수에서 양수로 바뀌는 것을 볼 수 있다.

```
plt.figure(figsize=(10,10))
plt.plot(errorlist);
```

다음 화면을 살펴보자.

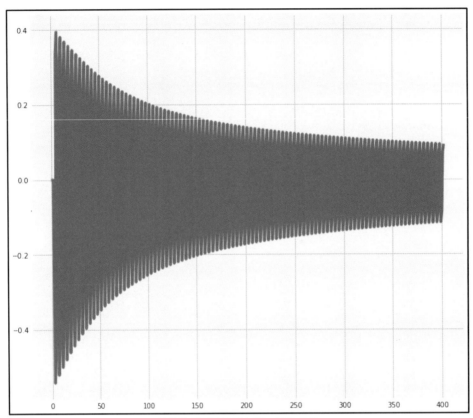

간단한 신경망의 감소하는 훈련 오차

▌ 요약

5장에서는 첫 번째 신경망을 구현함으로써 복잡한 문제를 해결하는 데 필요한 매우 중요한 단계를 밟았다. 이후의 구조들은 익숙한 요소를 가질 것이며, 5장에서 얻은 지식을 바탕으로 새로운 구조로 확장할 수 있을 것이다.

6장에서는 더 많은 계층(합성곱과 드롭아웃 계층과 같은)과 특별한 구성을 사용해 좀 더 복잡한 모델과 문제를 다룬다.

▌ 참고 자료

- McCulloch, Warren S., and Walter Pitts,. A logical calculus of the ideas immanent in nervous activity. The bulletin of mathematical biophysics 5.4(1943): 115-133.

- Kleene, Stephen Cole. Representation of events in nerve nets and finite automata. No. RAND-RM-704. RAND PROJECT AIR FORCE SANTA MONICA CA, 1951.

- Farley, B. W. A. C., and W. Clark, Simulation of self-organizing systems by digital computer. Transactions of the IRE Professional Group on Information Theory 4.4(1954): 76-84.

- Rosenblatt, Frank, The perceptron: A probabilistic model for information storage and organization in the brain, Psychological review 65.6(1958): 386.

- Rosenblatt, Frank. x. Principles of Neurodynamics: perceptrons and the Theory of Brain Mechanisms. Spartan Books, Washington DC, 1961

- Werbos, P.J.(1975), Beyond Regression: New Tools for Prediction and Analysis in the Behavioral Sciences.

- Preparata, Franco P., and Michael Ian Shamos,. "Introduction." Computational Geometry. Springer New York, 1985. 1-35.

- Rumelhart, David E., Geoffrey E. Hinton, and Ronald J, Williams. Learning internal representations by error propagation. No. ICS-8506. California Univ San Diego La Jolla Inst for Cognitive Science, 1985.

- Rumelhart, James L. McClelland, and the PDP research group. Parallel distributed processing: Explorations in the microstructure of cognition, Volume 1: Foundation. MIT Press, 1986.

- Cybenko, G. 1989. Approximation by superpositions of a sigmoidal function Mathematics of Control, Signals, and Systems, 2(4), 303–314.
- Murtagh, Fionn. Multilayer perceptrons for classification and regression. Neurocomputing 2.5(1991): 183–197.
- Schmidhuber, J?rgen. Deep learning in neural networks: An overview. Neural networks 61(2015): 85–117.

06

합성곱 신경망

음, 이제 점점 재미있어지고 있다! 우리의 모델은 이제 더 복잡한 기능을 배울 수 있다. 이제는 좀 더 현대적이고 놀랍게 효과적인 모델들을 둘러볼 때다.

뉴런의 계층을 겹쳐 놓은 것이 모델을 개선하는 가장 인기 있는 해결책이 됐고, 더 많은 노드들에 대한 새로운 아이디어가 나오고 있으며, 이것은 사람의 시각에 기반을 둔 모델로부터 시작된 것이다. 이 방법들은 연구 주제로 시작했지만 데이터셋과 강력한 연산 방법이 등장함에 따라 분류 과제에서 인간의 정확도에 거의 도달할 수 있게 됐다. 이제 그 힘을 프로젝트에서 활용할 때다.

6장에서 다루는 내용은 다음과 같다.

- 합성곱 신경망의 탄생

- 이산 합성곱의 간단한 구현
- **기타 연산 유형:** 풀링^{Pooling}, 드롭아웃^{Dropout}
- 전이 학습$^{Transfer\ learning}$

▌ 합성곱 신경망의 기원

합성곱 신경망$^{CNN\ Convolutional\ neural\ networks}$은 오래전에 탄생했다. 다층 퍼셉트론이 완성되는 동안 개발됐고, 첫 번째 구체적인 예는 네오 코그니트론^{neocognitron}이었다.

네오 코그니트론은 계층적, 다층^{multilayered} 인공 신경망$^{ANN,\ Artificial\ Neural\ Network}$이며, 후쿠시마^{Fukushima} 교수가 1980년에 논문으로 발표했다. 다음과 같은 주요 특징을 갖고 있다.

- 자기 구성$^{Self-organizing}$
- 입력 이동 및 변형에 대한 허용

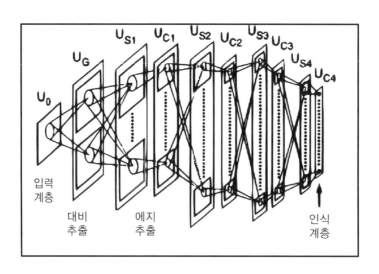

이 원래 아이디어는 1986년에 발표된 역전파 논문을 바탕으로 한 책 버전에서 등장했으며, 1988년에는 시간 신호를 다루는 음성 인식에서도 사용됐다.

이 디자인은 1998년에 얀 레쿤$^{\text{Ian LeCun}}$의 <Gradient-Based Learning Aapplied to Document Recognition> 논문으로 향상됐다. 이 논문에서는 손으로 쓴 숫자를 분류하는 데 사용되는 아키텍처인 LeNet-5 네트워크를 제안했다. 이 모델은 그때 발표 된 가장 뛰어난 성능을 발휘한 모델 중 하나인 SVM의 여러 변형과 같은 다른 기존 모델과 비교해 향상된 성능을 보였다.

그 후 이 논문 방법의 내용이 2003년에 <Hierarchical Neural Networks for Image Interpretation>이라는 논문으로 일반화됐다. 지금까지 대부분 방법의 내용들은 원래 아이디어와 유사하다.

합성곱 시작

합성곱을 이해하기 위해서 합성곱 연산자의 탄생을 알아보고, 이 개념이 어떻게 적용되는지 설명하겠다.

합성곱은 기본적으로 연속 또는 이산의 두 개 함수 사이에서 동작하며, 실제적으로는 함수 하나가 다른 함수를 필터링하는 효과가 있다.

합성곱은 다양한 분야, 특히 오디오 및 이미지를 변경하고 필터링하는 데 자주 사용되는 도구로 디지털 신호 처리에서 많이 사용되며, 두 개의 독립적인 확률 변수의 합을 표현하는 확률 이론에서도 사용된다.

그러면 이러한 필터링 기능은 머신 러닝과 어떤 관련이 있을까? 필터를 사용하면(필터 정의에 의해서) 입력의 특정 특성을 강조하거나 숨길 수 있는 네트워크 노드를 구축할 수 있으므로, 특정 패턴을 검출하는 데 사용될 수 있다. 따라서 특징 값에 대한 자동 검출기를 만들 수 있다.

이에 대해서는 다음 절에서 자세히 다룬다. 이제 이 연산의 공식적인 정의와 어떻게 계산이 되는지에 대해 간단히 알아보자.

연속 합성곱

합성곱 연산은 미적분학의 초기 개발 과정에서 달랑베르[d'Alembert]에 의해 처음으로 18세기에 만들어졌다. 연산의 일반적인 정의는 다음과 같다.

$$f(t) * g(t) = \int_{-\infty}^{\infty} f(\tau)g(t-\tau)\,d\tau$$

연산을 적용하는 데 필요한 단계에 대한 설명과 두 함수를 결합하는 방법에 대한 설명은 다음과 같은 수학 연산으로 표현할 수 있다.

- **신호 뒤집기:** 이것은 변수의 $(-\tau)$ 부분이다
- **이동하기:** 이것은 $g(\tau)$에 대한 t 합계 계수에 의해 주어진다.
- **곱하기:** f와 g의 곱을 구한다.
- **결과 곡선 통합:** 각 순간 값은 적분의 결과이므로 덜 직관적이다.

모든 단계를 이해하기 위해서 두 함수 f와 g 사이의 합성곱 계산에 관련된 모든 단계를 결정적인 지점 t_0에서 시각적으로 나타내보자.

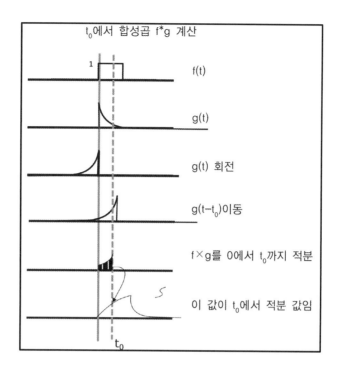

합성곱 규칙에 대한 직관적인 근사는 함수의 이산 영역에서도 적용되며, 이 영역은 앞으로 실제로 다루게 될 영역이다. 이제부터 정의해보자.

이산 합성곱

작업하는 영역은 완전히 디지털이기 때문에 이 연산을 이산 도메인으로 변환해야 한다. 두 개의 이산 함수 f와 g에 대한 합성곱 연산은 원래의 적분을 다음과 같은 형태의 합으로 변환한다.

$$(f * g)[n] = \sum_{m=-\infty}^{\infty} f[m]g[n-m] = \sum_{m=-\infty}^{\infty} f[n-m]g[m]$$

이 원래의 정의는 임의의 차원의 함수에 적용될 수 있다. 특히 6장에서는 2D 이미지에서 작업을 수행한다. 이 후에 6장에서 설명할 많은 응용 예가 2D에서 이뤄지기 때문이다.

이제 커널을 이용해 합성곱 연산자를 일반적으로 적용하는 방법을 배워보자.

커널과 합성곱

이산 도메인에서 실제 문제를 푸는 경우 일반적으로 유한 차원의 2D 함수(예를 들면 이미지)를 갖는다. 이 함수는 다른 이미지를 통해 필터링하고자 하는 함수다. 필터 개발의 분야는 다양한 클래스에 합성곱을 적용할 때 여러 종류의 필터마다 효과를 연구한다. 적용되는 가장 일반적인 유형의 함수는 차원당 2 ~ 5개의 요소를 가지며, 나머지 요소 값은 0이다. 필터링 함수를 나타내는 이러한 작은 행렬을 커널이라고 한다.

합성곱 연산은 n차원 행렬(보통 이미지를 나타내는 2D 행렬)의 첫 번째 요소를 커널의 모든 요소로 필터링하면서 시작한다. 이 연산은 행렬의 중심 요소를 필터의 특정 값으로 적용하고, 나머지 위치에 대해서도 적용한다. 이미지의 경우에 최종 결과는 특정 요소(예를 들어 선이나 에지)가 강조되고 다른 요소(예를 들어 블러링blurring 경우)는 숨겨진 이미지다.

다음 예제에서는 특정 3×3 커널이 특정 이미지 요소에 어떻게 적용되는지를 보여준다. 이 과정은 행렬의 모든 요소에 대해 이 패턴을 이동하며 이뤄진다.

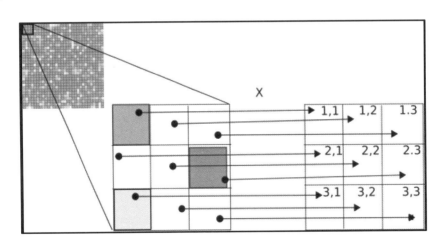

208

이 연산을 적용할 때 커널에 대해 고려해야 할 것이 있는데, 특히 스트라이드^{stride}와 패딩^{padding}을 할 때 그렇다. 이 과정은 특별한 경우에 적용된다. 스트라이드와 패딩을 살펴보자.

스트라이드와 패딩

합성곱 연산을 적용할 때 이 과정에 적용할 수 있는 변형 중 하나는 커널의 이동 단위를 변경하는 것이다. 이 파라미터는 차원별로 지정할 수 있으며 스트라이드라고 한다. 다음 이미지에서는 스트라이드가 적용되는 몇 가지 예를 보여준다. 세 번째 경우에는 커널이 마지막 단계에 적용될 수 없으므로 적용되지 않는 스트라이드를 보여준다. 라이브러리에 따라 이와 같은 경고 유형을 해제할 수 있다.

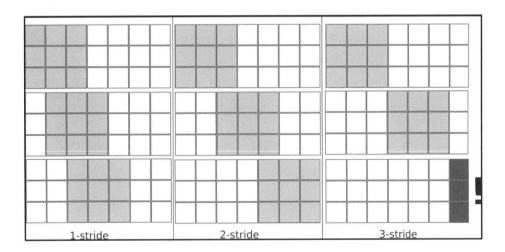

커널을 적용할 때 또 다른 중요한 사실은 커널이 클수록 이미지/행렬 경계에 더 많은 계산할 수 없는 유닛이 있다는 것이다. 해당 값을 계산하려면 커널 전체 요소를 고려해야 하는데 그 영역을 넘어가는 곳에는 값이 없기 때문이다. 이를 해결하기 위해 패딩 파라미터를 설정하게 되고, 이에 따라 정해진 너비만큼 이미지에 경계를 추가한다. 이를 통해 가장자리에서도 커널을 적용할 수 있다. 패딩 파라미터를 그림으로 표현하면 다음과 같다.

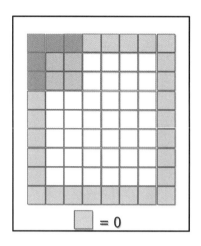

합성곱의 기본 개념을 설명한 후 합성곱을 실질적인 예에 적용해서 실제 이미지에 적용하는 방법과 효과를 직관적으로 알아보자.

2D 이산 합성곱 연산 예 구현

이산 합성곱 연산의 메커니즘을 이해하기 위해 이 개념을 간단하고 직관적으로 구현하고, 다른 유형의 커널을 사용해 샘플 이미지에 적용해보자. 필요한 라이브러리를 불러오자. 가장 명확한 방법으로 알고리즘을 구현할 것이기 때문에 NumPy처럼 필요한 최소한의 라이브러리만을 사용한다.

```
import matplotlib.pyplot as plt
import imageio
import numpy as np
```

imageio 패키지의 imread 메소드를 사용해 이미지를 읽는다(그레이스케일 이미지를 동일한 값을 갖는 3채널로 가져옴). 그리고 처음 채널을 잘라내서 부동소수점으로 변환하고 matplotlib을 사용해 표시한다.

```
arr = imageio.imread("blue_jay.jpg")[:,:,0].astype(np.float)
plt.imshow(arr, cmap=plt.get_cmap('binary_r'))
plt.show()
```

이제 커널 합성곱 연산을 정의할 차례다. 이전에 했던 것처럼 경계 조건을 더 잘 이해하기 위해 3×3 커널에서 작업을 단순화한다. apply3x3kernel 함수는 이미지의 모든 요소에 커널을 적용한 새로운 이미지를 반환한다. 단순화를 위해 커널을 3×3으로 제한하고 있고, 이미지의 테두리 1픽셀은 패딩을 고려하지 않기 때문에 새로운 값을 갖지 않는다.

```
class ConvolutionalOperation:
    def apply3x3kernel(self, image, kernel): # Simple 3x3 kernel operation
        newimage=np.array(image)
            for m in range(1,image.shape[0]-2):
                for n in range(1,image.shape[1]-2):
                    newelement = 0
                for i in range(0, 3):
                    for j in range(0, 3):
                        newelement = newelement + image[m - 1 + i][n -
```

```
                        1+j]*kernel[i][j]
              newimage[m][n] = newelement
         return(newimage)
```

앞 절에서 봤듯이 다양한 커널을 구성하면 훈련 후에는 눈, 귀, 문과 같은 고차원 특징을 담당하는 필터를 만들어서 원본 이미지의 다양한 요소와 속성을 두드러지게 한다. 여기서는 이름을 키[key]로 하고 커널 계수[coefficients]를 3×3 배열로 배열한 커널 사전을 생성한다. Blur 필터는 3×3 점 근처의 평균을 계산하는 것과 동일하다. Identity는 단순히 픽셀 값을 그대로 반환하고, Laplacian은 테두리 강조를 담당하는 전형적인 미분 필터다. 두 Sobel 필터는 첫 번째 경우에 수평 가장자리를 담당하고, 두 번째 경우에는 수직 가장자리를 담당한다.

```
kernels = {"Blur":[[1./16., 1./8., 1./16.], [1./8., 1./4., 1./8.],
                  [1./16.,1./8., 1./16.]]
        ,"Identity":[[0, 0, 0], [0., 1., 0.], [0., 0., 0.]]
        ,"Laplacian":[[1., 2., 1.], [0., 0., 0.], [-1., -2., -1.]]
        ,"Left Sobel":[[1., 0., -1.], [2., 0., -2.], [1., 0., -1.]]
        ,"Upper Sobel":[[1., 2., 1.], [0., 0., 0.], [-1., -2., -1.]]}
```

ConvolutionalOperation 객체를 생성하고 비교 커널 그래픽 차트를 생성해 비교해 보자.

```
conv = ConvolutionalOperation()
plt.figure(figsize=(30,30))
fig, axs = plt.subplots(figsize=(30,30))
j=1
for key,value in kernels.items():
    axs = fig.add_subplot(3,2,j)
    out = conv.apply3x3kernel(arr, value)
    plt.imshow(out, cmap=plt.get_cmap('binary_r'))
```

```
    j=j+1
plt.show( )
```

<matplotlib.figure.Figure at 0x7fd6a710a208>

최종 이미지에서 커널이 몇 개의 고차원 특징을 어떻게 감지했는지 확인할 수 있다. 처음에는 단위 커널을 사용했으므로 변경되지 않은 이미지를 볼 수 있고, 그다음에는 라플라시안 에지 검출기^{Laplacian}, 왼쪽 경계 검출기$^{Left\ Sobel}$, 상단 경계 검출기$^{Upper\ Sobel}$, 그리고 블러^{Blur} 연산자의 결과를 볼 수 있다.

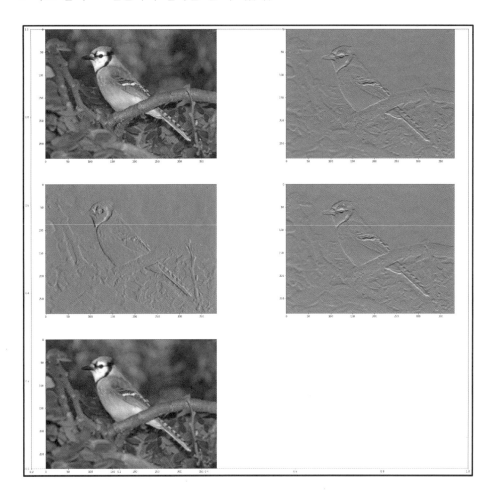

연속 공간과 이산 공간에서 합성곱 연산의 주요 특징을 검토해보면 기본적으로 합성곱 커널은 패턴을 강조 표시하거나 숨길 수 있다고 결론을 내릴 수 있다. 훈련된 또는 (이 예에서는) 수동으로 설정된 파라미터에 따라 다양한 차원에서 방향 및 가장자리와 같은 이미지의 많은 요소를 발견할 수 있다. 예를 들어 흐릿하게 하는 커널을 사용해 원하지 않는 세부 정보나 이상치를 처리할 수도 있다. 또한 합성곱 계층을 쌓아서 눈이나 귀와 같은 고차원 복합 요소를 강조 표시할 수도 있다.

합성곱 신경망의 이러한 특성은 이전의 데이터 처리 기술보다 큰 장점이다. 특정 데이터셋의 주요 구성 요소를 유연하게 결정할 수 있으며, 이러한 기본 구성 블록의 조합으로 추가 샘플을 나타낼 수 있다.

이제 앞의 내용과 결합해 일반적으로 사용되는 다른 유형의 계층(풀링 계층)을 살펴보자.

서브 샘플링 연산(풀링)

서브 샘플링 연산은 (차원을 변화시키는) 커널을 적용시키고, 입력 이미지를 $m \times n$ 블록으로 나눠서 입력 차원을 줄이고, 그 블록을 나타내는 요소를 취하는 것으로 이뤄져있다. 그래서 이미지를 임의의 값으로 해상도를 줄인다. 2×2 커널의 경우에는 이미지 크기가 절반으로 줄어든다. 가장 잘 알려진 연산은 최대(최대 풀), 평균(평균 풀) 및 최소(최소 풀)다.

다음 이미지는 1채널 16×16 행렬에 2×2 최대 풀이 어떻게 적용되는지를 보여준다. 이는 블록이 포함하는 내부의 최댓값을 유지한다.

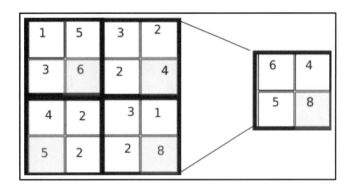

지금까지 이 간단한 메커니즘을 살펴봤다. 그러면 이 연산의 주목적은 무엇일까? 서브 샘플링 계층의 주목적은 합성곱 계층과 관련이 있다. 즉, 가장 중요한 정보 요소를 유지하면서 정보의 양과 복잡성을 줄이기 위해서다. 다른 말로 말하면 내재된 정보의 단순한 표현을 만드는 것이다.

이제 간단한 풀링 연산자를 작성할 차례다. 합성곱 연산자보다 훨씬 쉽고 직접 작성하기가 쉽다. 그리고 이 경우에는 4×4 근방에서 가장 밝은 픽셀을 선택해 최종 이미지에 반영하는 최대 풀링만을 구현한다.

```
class PoolingOperation:
    def apply2x2pooling(self, image, stride): # 간단한 2x2 커널 연산
        newimage=np.zeros((int(image.shape[0]/2),int(image.shape[1]/2)),
                np.float32)
        for m in range(1,image.shape[0]-2,2):
            for n in range(1,image.shape[1]-2,2):
                newimage[int(m/2),int(n/2)] = np.max(image[m:m+2,n:n+2])
        return(newimage)
```

새로 만든 풀링 연산을 적용해보자. 이처럼 이미지 해상도는 낮아졌고 전체적으로 더 밝아졌다.

```
plt.figure(figsize=(30,30))
pool=PoolingOperation()
fig, axs = plt.subplots(figsize=(20,10))
axs = fig.add_subplot(1,2,1)
plt.imshow(arr, cmap=plt.get_cmap('binary_r'))
out=pool.apply2x2pooling(arr,1)
axs = fig.add_subplot(1,2,2)
plt.imshow(out, cmap=plt.get_cmap('binary_r'))
plt.show()
```

미묘하더라도 차이점을 확인할 수 있다. 최종 이미지는 정밀도가 떨어지며 선택된 픽셀은 환경의 최댓값이므로 더 밝은 이미지를 생성한다.

드롭아웃 작업으로 효율성 향상

5장에서 살펴본 것처럼 과적합은 모든 모델에서 잠재적인 문제다. 이것은 신경망에도 해당된다. 이것은 학습 데이터셋에서는 잘 동작하지만 테스트 세트에서는 잘 동작하지 않는 것이며, 일반화가 잘 안 돼서다.

이러한 이유로 2012년 제프리 힌턴$^{Geoffrey\ Hinton}$이 이끄는 팀은 드롭아웃^{dropout} 연산이 설명된 논문을 발표했다. 이 연산은 다음과 같이 간단하다.

- 임의의 수의 노드가 선택된다(전체 노드에서 선택된 노드의 비율은 파라미터다).
- 선택된 가중치의 값은 0으로 설정되며, 이전에 연결된 이후 계층을 무효로 한다.

드롭아웃 계층의 장점

이 방법의 가장 큰 장점은 계층에 있는 모든 뉴런의 가중치를 동시에 최적화하지 못하게 한다는 점이다. 랜덤 그룹으로 이뤄지는 이 적응 방법은 모든 뉴런이 동일한 목표로 수렴하지 못하게 함으로써 가중치를 서로 관계 없게 만든다.

드롭아웃의 적용을 위해 발견된 두 번째 속성은 은닉 유닛의 활성화가 드물게 이뤄진다는 점이다. 이 또한 유용한 성질이다.

다음 그림에서는 원래의 완전 연결된 다층 신경망에 드롭아웃이 적용된 네트워크를 보여준다.

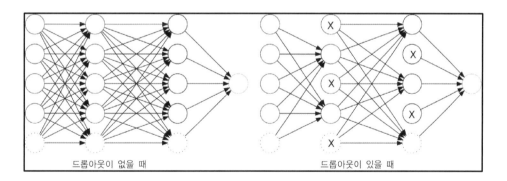

드롭아웃이 없을 때   드롭아웃이 있을 때

▌ 심층 신경망

지금까지 많은 종류의 계층에 대해 알아봤고, 시간이 지남에 따라 신경 구조가 어떻게 변화했는지 살펴볼 차례다. 2012년부터 시작해서 새롭고 급속도로 증가하는 강력한 계층의 조합들이 나타났으며, 이제는 멈출 수 없게 됐다. 이런 새로운 구조 세트는 딥러닝^{deep learning}이라는 용어를 사용하고 있으며, 이를 세 가지 이상의 계층이 포함된 복잡한 신경 구조로 간략히 정의할 수 있다. 그들은 또한 **단층 퍼셉트론**^{Single Layer Perceptron}보다 진보된 계층을 포함하는 경향이 있다.

시간에 따른 심층 합성곱 네트워크 구조

딥러닝 구조는 20년 전부터 시작돼 변화했으며, 인간의 시각 문제를 해결하는 중요한 요소로 이끌었다. 딥러닝 구조와 목적을 위해 재사용할 수 있는 주요 빌딩 블록을 살펴보자.

Lenet 5

합성곱 신경망의 역사적인 소개에서 봤듯이 합성곱 계층은 1980년대에 발견됐다. 그러나 관련 기술은 1990년대 말까지 복잡한 계층 조합을 구축할 만큼 강력하지 못했다.

1998년쯤에 벨연구소^{Bell Labs}에서 손으로 쓴 숫자의 인식에 관한 연구를 하는 동안, 얀 레쿤^{Ian LeCun}은 이런 문제를 해결하기 위한 새로운 접근 방식을 만들었다. 이 방법은 합성곱, 풀링 및 완전히 연결된 계층을 혼합하는 방법이다.

이 시기에 SVM과 다른 수학적으로 정의된 문제가 다소 성공적으로 사용됐으며, CNN를 다룬 기본 문서에서는 신경망이 그 당시에 최첨단 방법만큼 비교적 잘 수행할 수 있음을 보여준다.

다음 그림은 그레이스케일 28×28 이미지를 입력으로 받아 10개의 요소를 가진 문자 벡터를 반환하는 것을 보여준다. 이 각 요소는 각각의 글자 출력에 대한 확률이다.

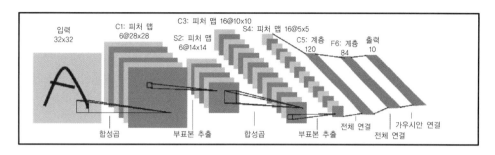

알렉스넷

레쿤[Lecun]이 얼굴과 물체 인식과 같은 다른 작업에 자신의 네트워크를 적용했음에도 불구하고, 몇 년 동안은 연구가 중단됐다. 그 후에 사용 가능한 구조화된 데이터가 많아지고 데이터 처리 능력의 기하급수적인 성장으로 인해 레쿤 팀은 모델을 어느 정도 확장하고 조정할 수 있었다. 이를 통해 불과 몇 년 전에는 불가능한 것으로 간주된 문제들을 풀 수 있었다.

이 분야에서 혁신을 촉진한 요소 중 하나는 여러 범주로 분류된 수백만 개의 이미지로 구성된 Imagenet이라는 이미지 인식 벤치마크 데이터를 사용할 수 있어서다.

2012년부터 LSVRC[Large Scale Visual Recognition Challenge]가 매년 열렸고, 연구자들이 매년 네트워크 구성을 혁신시키고 더 나은 결과를 얻게 했다.

알렉스 크리제브스키[Alex Krizhevsky]가 개발한 **알렉스넷**[Alexnet]은 이 도전에서 승리한 최초의 심층 합성곱 네트워크였으며, 수년 동안 좋은 결과를 냈다. 그것은 Lenet-5와 구조가 비슷한 모델로 구성됐지만, 수백 개의 유닛이 있는 합성곱 계층과 수천만 개의 파라미터로 구성돼 있었다.

이후에 옥스포드 대학교의 VGG[Visual Geometry Group]에서 VGG 모델을 사용한 새로운 도전자가 등장했다.

VGG 모델

VGG 네트워크 구조의 주된 특징은 합성곱 필터의 크기가 컸던 이전 도전자(최대 11×11)와는 달리 단순한 3×3 행렬로 줄였고 다른 순서로 조합한 것이다. 역설적으로 연속된 작은 합성곱 가중치는 많은 수의 파라미터(수천만 단위)가 필요하므로 여러 가지 기준으로 제한돼야 했다.

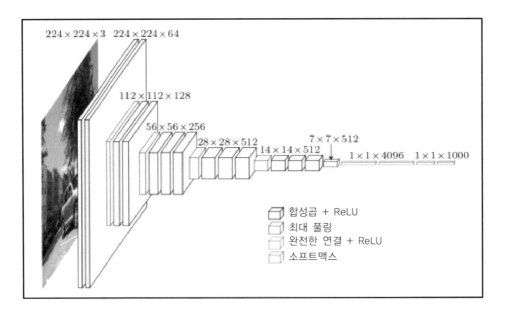

구글넷 및 인셉션 모델

구글넷^{GoogLenet}은 2014년 LSVRC에서 우승한 신경망 구조였으며, 대규모 IT 기업에서 시도해서 처음 성공한 사례다. 2014년 이후로 거대한 예산을 가진 기업에 의해 이런 시도가 계속됐다.

구글넷은 비슷한 9개의 인셉션^{Inception} 모듈을 체인으로 연결한 심층 구조다. 이 각각의 인셉션 모듈은 다음 그림에 표시돼 있으며, 3×3 최대 풀링 노드와 작은 합성곱 블록이 혼합돼 있다.

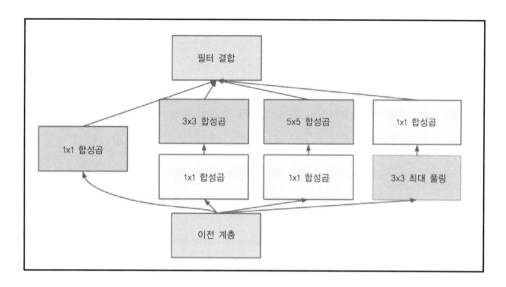

이러한 복잡성에도 불구하고 구글넷은 불과 2년 전에 출시된 알렉스넷과 비교해 필요한 파라미터 번호(6,000만에서 1,100만)를 줄이고 정확도를 높였다(오차 16.7%에서 6.7%). 또한 인셉션 모듈을 재사용함으로써 빠른 실험을 할 수 있었다.

그러나 이 아키텍처의 마지막 버전은 아니었다. 곧 다음과 같은 특징을 가진 인셉션 모듈의 두 번째 버전이 만들어졌다.

배치 정규화된 인셉션 V2과 V3

2015년 12월, <Rethinking the Inception Architecture for Computer Vision> 논문에서 구글 연구소Google Research는 인셉션 구조의 새로운 버전을 발표했다.

내부 공분산 이동 문제

원래 구글넷의 주요 문제점 중 하나는 훈련 불안정성이었다. 이전에 봤듯이 입력 정규화는 기본적으로 모든 입력 값을 0으로 중심에 두고 그 값을 표준 편차로 나눠서 역전파의 그래디언트 값을 얻기 좋게 했다.

실제로 대규모 데이터셋을 학습하는 동안 발생하는 현상은 훈련 도중에 다른 값들이 서로 영향을 미쳐서 공명 현상처럼 평균값을 증가시킨다. 이 현상을 **공분산 이동**이라고 한다.

이를 완화하기 위해 원래 입력 값뿐만 아니라 각 계층의 출력 값을 정규화해서 계층 간에 나타나는 평균이 이동하는 불안정성을 피하게 한다.

배치 정규화 외에도 V2에서 제안된 추가 사항이 많이 있었다.

- 합성곱 수를 최대 3×3으로 줄임
- 네트워크의 전반적인 깊이를 증가시킴
- 각 계층에 폭 증가 기법을 사용해 특징 조합을 개선
- 합성곱의 요소 분해^{Factorization}

인셉션 V3은 기본적으로 동일한 구조에 제안된 모든 혁신이 추가됐고, 배치 정규화를 네트워크의 보조 분류기에 추가한다. 다음 다이어그램에서는 새로운 아키텍처를 보여준다. 줄어든 합성곱 유닛의 크기를 확인해보자.

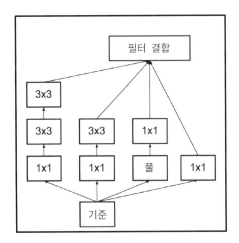

2015년 말에 이런 구조의 최종 근본적인 개선이 마이크로소프트에서 ResNets 형태로 이뤄졌다.

잔차 네트워크(ResNet)

이 새로운 아키텍처인 잔차 네트워크[ResNet, Residual Network]는 2015년 12월(인셉션 V3과 거의 동일한 시기)에 등장했으며, 이 구조에서는 각각의 계층이 이전의 출력만을 사용하는 것뿐 아니라 출력과 원래 입력을 사용한다는 간단하지만 새로운 아이디어를 갖고 있었다.

다음 다이어그램에서는 ResNet 모듈 중 하나를 보여준다. 연속된 합성곱 연산 마지막에 합 연산과 최종 ReLU 연산을 분명하게 보여준다.

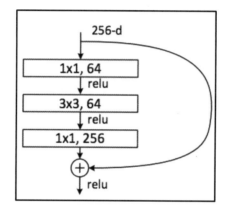

모듈의 합성곱 부분에는 256에서 64로 줄이는 특징 축소, 특징 수를 유지하는 3×3 필터 계층, 그리고 64×256 값에서 1×1 계층을 추가하는 기능이 포함된다. 원래는 100개 이상의 계층에 걸쳐 있었지만, 최근의 개발에서 ResNet은 30개 미만의 계층이 사용되고 넓은 분포를 갖는다.

최근 몇 년 동안의 주요한 발전에 대한 일반적인 개요를 살펴봤다. 연구를 통해 발견된 CNN를 적용할 수 있는 주요 응용 예를 살펴보자.

CNN의 심층 계층에 의해 해결되는 유형의 문제

CNN은 지금까지 다양한 문제를 해결하기 위해 사용됐다. 다음은 주요 문제 유형에 대한 검토 및 구조에 대한 간략한 설명이다.

- 분류
- 발각
- 분할

분류

이전에 살펴봤던 분류 모델은 이미지 또는 다른 유형의 입력을 파라미터로 사용했다. 그리고 클래스의 수만큼 요소가 있는 하나의 배열을 반환했고, 이 배열의 각 요소는 각 클래스에 해당하는 확률이었다.

이와 같은 유형의 해결책에 대한 일반적인 구조는 합성곱 계층, 풀링 계층과 로지스틱 계층logistic layer의 복잡한 조합이며, 마지막 계층은 사전 학습된 클래스의 확률을 나타낸다.

검출

검출은 하나나 그 이상의 이미지와 관계된 위치를 추측해야 하고, 이 요소들의 정보를 분류하기 때문에 복잡하다.

이 작업에서 개별 지역화 문제에 대한 일반적인 전략은 분류 및 회귀 문제를 결합하고, 손실은 공통된 것으로 결합한다. 즉, 객체 클래스에 대한 분류와 검출된 물체의 좌표를 결정하기 위한 회귀를 결합한다.

여러 요소에 대응하기 위해서는 먼저 관심 영역의 수를 정한다. 이 과정은 통계적으로 동일한 물체에 속하는 정보를 가진 덩어리의 영역을 찾는 과정이다. 그리고 높은 확률을 가진 경우를 찾기 위해 검출된 영역에 대해서만 분류를 적용한다.

분할

분할은 다음 그림과 같이 모델이 이미지에서 요소를 찾고 위치한 물체의 정확한 형태를 표시하기 위해 복잡한 계층을 추가한다.

이 작업을 위한 가장 일반적인 접근 방법 중 하나는 순차적 다운샘플링 및 업샘플링 작업을 구현하면서 픽셀별로 속하는 클래스를 표시하는 고해상도 이미지로 복원하는 것이다.

▋ Keras를 사용한 심층 신경망 배포

이 예제에서는 앞에서 설명한 인셉션 모델의 인스턴스를 Keras 라이브러리에서 제공하는 것을 이용해 생성한다. 먼저 Keras 모델 조작, 이미지 전처리 라이브러리, 변수를 최적화하는 데 사용되는 그래디언트 디센트, 그리고 일부 인셉션 유틸리티에서 사용하는 필요한 라이브러리를 불러온다. 또한 OpenCV 라이브러리를 사용해 새로운 입력 이미지를 조절하고, NumPy 및 matplotlib를 사용한다.

```
from keras.models import Model
from keras.preprocessing import image
from keras.optimizers import SGD
from keras.applications.inception_v3 import InceptionV3,
decode_predictions, preprocess_input

import matplotlib.pyplot as plt
import numpy as np
import cv2

Using TensorFlow backend.
```

Keras를 사용해 모델을 로드하는 작업은 매우 간단하다. InceptionV3 클래스의 새 인스턴스를 호출하면 확률적 그래디언트 디센트를 기반으로 하는 최적화 방법과 이미지 분류 문제에 매우 적합한 손실을 위한 크로스엔트로피를 할당한다.

```
model=InceptionV3()
model.compile(optimizer=SGD(), loss='categorical_crossentropy')
```

모델이 메모리에 로드됐으므로 cv 라이브러리를 사용해 사진을 불러오고 조정한 다음 Keras의 전처리 함수를 불러 값을 정규화한다.

```
#이미지를 VGG16 학습 이미지 형태로 크기 조절
im = cv2.resize(cv2.imread('blue_jay.jpg'),(299, 299))
im = np.expand_dims(im, axis=0)
im = im /255.
im = im - 0.5
im = im * 2
plt.figure(figsize=(10,10))
plt.imshow(im[0], cmap=plt.get_cmap('binary_r'))
plt.show()
```

다음은 정규화 후의 이미지 모습이다. 이미지가 구조적으로 어떻게 바뀌었는지를 확인하자. 그러나 모델의 관점에서 볼 때 이것이 모델이 수렴하게 하는 최선의 방법이다.

이제 모델의 predict 메소드를 호출한다. 이 메소드는 신경망의 마지막 계층의 결과를 보여주며, 각 결과는 각 범주에 대한 확률을 담고 있는 배열이다. decode_

predictions 메소드는 모든 범주 번호를 인덱스로, 이름을 값으로 받고, 번호 대신에 검출된 항목의 이름을 제공한다.

```
out = model.predict(im)
print('Predicted:', decode_predictions(out, top=3)[0])
print(np.argmax(out))

Predicted: [('n01530575', 'brambling', 0.18225007),('n01824575', 'coucal',
0.13728797),('n01560419', 'bulbul', 0.048493069)]
10
```

이처럼 간단한 접근법을 사용해 비슷한 새 목록에서 매우 근사한 예측을 얻었다. 큰어치 새^{blue jay}는 1,000개의 클래스 중 하나에 포함돼 있기 때문에 추가적인 입력 이미지와 모델의 조정을 통해 더 정확한 값을 얻을 수 있었다.

▌ Quiver로 합성곱 모델 탐색

이 실용적인 예제에서는 Keras 라이브러리와 Quiver를 사용해 이전에 알아본 모델 중 하나(이 경우 Vgg19)를 로드한다. 그런 다음 구조의 여러 단계를 살펴보고 특정 입력에 대해 각각의 계층이 어떻게 동작하는지를 확인한다.

Quiver로 합성곱 네트워크 탐색

Quiver(https://github.com/keplrio/quiver)는 Keras를 사용해 모델을 탐색하는 데 사용되는 최신의 매우 편리한 도구다. 웹 브라우저를 통해 액세스할 수 있는 서버를 만들고, 모델의 구조를 시각화하고, 입력 이미지를 입력 계층에서 최종 예측 단계까지 평가할 수 있다.

다음 코드 조각을 사용해 **VGG16** 모델의 인스턴스를 만든 다음, Quiver가 현재 디렉토

리에 있는 모든 이미지를 읽고 모델 및 파라미터와 상호작용할 수 있는 웹 프로그램을
시작할 수 있게 한다.

```
from keras.models import Model
from keras.preprocessing import image
from keras.optimizers import SGD
from keras.applications.vgg16 import VGG16
import keras.applications as apps

model=apps.vgg16.VGG16()

from quiver_engine.server import launch
launch(model,input_folder=".")
```

이 스크립트는 **VGG16** 모델의 가중치를 다운로드한다(수백 메가바이트의 파일을 다운로드
해야 하기 때문에 인터넷 연결이 좋아야 한다). 그런 다음 모델을 메모리에 로드하고 포트
5000에서 수신하는 서버를 만든다.

 Keras 라이브러리가 다운로드하는 모델 가중치는 사전에 Imagene으로 완전히 훈련
했기 때문에 데이터셋에 있는 1,000개 범주에서 매우 정확한 정확도를 얻을 수 있다.

다음 스크린 샷에서는 웹 프로그램의 인덱스 페이지에 접속한 경우에 볼 수 있는 첫
화면이 표시된다. 왼쪽에는 네트워크 아키텍처와 상호작용이 가능한 내용이 표시된
다. 가운데 오른쪽에서 현재 디렉토리의 그림 중 하나를 선택하면 프로그램이 자동으
로 이를 입력으로 사용하고, 입력에 대해 가장 가능성이 높은 5개의 결과를 출력한다.

또한 스크린 샷에는 첫 번째 네트워크 계층이 표시된다. 이 계층은 원본 이미지의
빨강, 녹색 및 파랑 구성 요소를 나타내는 세 개의 행렬로 구성돼 있다.

그런 후에 모델 계층으로 진행하면서 첫 번째 합성곱 계층이 생성된다. 이 단계에서 주로 고급 피처를 강조 표시한 것을 확인할 수 있다. 고급 피처는 여러 종류의 테두리, 밝기 및 대비와 같이 3×3 필터로 설정한 것과 같은 피처다.

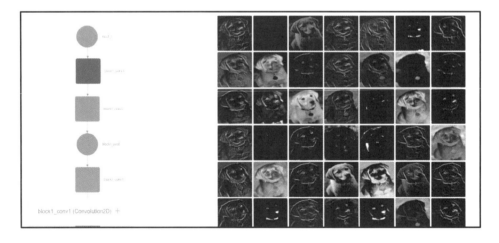

좀 더 나아가 보자. 이제 전역 피처에 집중하지 않는 중간 계층을 볼 수 있다. 대신에 중간 피처에 대해 훈련됐다는 것을 알 수 있다. 중간 피처는 눈과 코 같은 다양한 텍스처, 각도 또는 피처 집합과 같은 피처다.

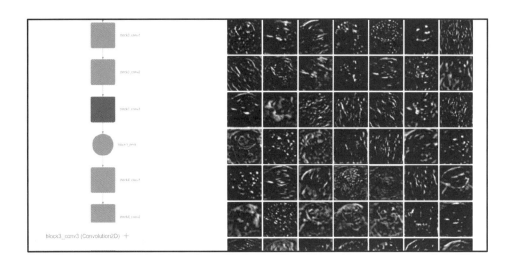

마지막 합성곱 계층에 도착하면 정말 추상적인 개념이 나타난다. 이 단계는 현재 훈련 중인 모델이 얼마나 강력한지를 보여준다. 우리가 보기에는 지금 아무런 유용한 의미가 없는 부분을 강조하고 있다. 이 새로운 추상 범주는 완전히 연결된 계층을 통과한 후에 확률 값을 갖는 1,000 요소 배열로 이어진다. 이 확률 값은 ImageNet의 각 범주에 대한 확률 값이다.

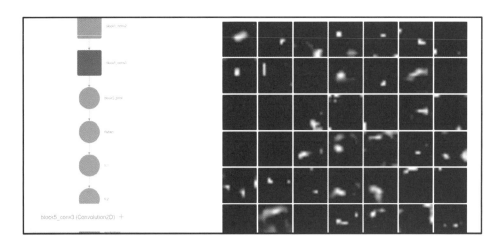

다양한 예제와 계층의 결과물을 탐색하고 다양한 이미지 범주에 대한 다양한 특징을 강조 표시하는 방법을 찾길 바란다.

이제 새로운 유형의 머신 러닝에 대해 알아볼 시간이다. 이 방법은 이전에는 훈련된 네트워크를 활용해 새로운 유형의 문제에 적용하는 것으로, 이것을 전이 학습^{transfer} ^{learning}이라고 한다.

전이 학습 구현

이 예제에서는 이전에 살펴본 예제 중 하나를 구현할 것이다. 사전 훈련된 합성곱 신경망의 마지막 계층을 대체하고 새로운 데이터셋으로 마지막 단계를 훈련해서 분류에 적용한다.

이 방법은 다음과 같은 이점이 있다.

- 이미지 분류 작업에 입증된 효율성을 갖춘 모델을 기반으로 한다.
- 훈련하는 데 몇 주가 걸릴 수 있는 학습된 파라미터들을 재사용하기 때문에 훈련 시간이 단축된다.

데이터셋은 flower17 데이터셋에 있는 두 가지의 다른 꽃 유형의 데이터다. 이 데이터셋에는 17가지 종류의 꽃에 대해 매 종류마다 80개의 이미지를 갖는다. 선택한 꽃은 영국에 있는 일반적인 꽃이다. 이 데이터셋에 있는 이미지들은 크기, 자세 및 조명에 큰 변화가 있으며, 같은 클래스에 있는 이미지의 변화가 크고 다른 클래스의 이미지와 유사한 경우도 있다. 이 경우 처음 두 클래스(수선화 및 관동화)를 선택하고 미리 훈련된 VGG16 네트워크 위에 분류기를 구현한다.

첫째, 이미지의 양이 각 꽃의 모든 요소를 추상화하기에 충분하지 않을 수 있기 때문에 이미지 데이터 증가를 시킬 것이다. 우선 중간 과정을 저장할 수 있게 애플리케이션, 전처리, 모델 체크, 물체 연관을 비롯한 모든 라이브러리를 포함시키고, 이미지

처리 및 수치 연산을 위한 cv2 및 NumPy 라이브러리를 포함시키자.

```
from keras import applications
from keras.preprocessing.image import ImageDataGenerator
from keras import optimizers
from keras.models import Sequential, Model
from keras.layers import Dropout, Flatten, Dense, GlobalAveragePooling2D
from keras import backend as k
from keras.callbacks import ModelCheckpoint, LearningRateScheduler,
TensorBoard, EarlyStopping
from keras.models import load_model
from keras.applications.vgg16 import VGG16,
decode_predictions,preprocess_input
import cv2
import numpy as np

Using TensorFlow backend.
```

이 절에서는 입력, 데이터 출처, 학습 파라미터에 영향을 미치는 변수를 정의한다.

```
img_width, img_height = 224, 224
train_data_dir = "train"
validation_data_dir = "validation"
nb_train_samples = 300
nb_validation_samples = 100
batch_size = 16
epochs = 50
```

맨 위에 있는 평활화한 계층을 포함하지 않는 이전에 학습된 VGG16 모델을 실행한다.

```
model = applications.VGG16(weights = "imagenet", include_top=False,
        input_shape =(img_width, img_height, 3))
```

```
#훈련 하지 않을 계층을 고정. 여기서는 5 계층을 고정한다.
for layer in model.layers[:5]:
    layer.trainable = False

#사용자 계층 추가
x = model.output
x = Flatten()(x)
x = Dense(1024, activation="relu")(x)
x = Dropout(0.5)(x)
x = Dense(1024, activation="relu")(x)
predictions = Dense(2, activation="softmax")(x)

#최종 모델 생성
model_final = Model(input = model.input, output = predictions)
```

이제 훈련하고 테스트할 데이터셋에 대해서 모델을 컴파일하고 이미지 데이터가 추가된 객체를 생성한다.

```
#모델 컴파일
model_final.compile(loss = "categorical_crossentropy", optimizer =
        optimizers.SGD(lr=0.0001, momentum=0.9), metrics=["accuracy"])

# 데이터 Augumentation으로 훈련을 초기화하고 생성기를 테스트
train_datagen = ImageDataGenerator(
        rescale = 1./255,
        horizontal_flip = True,
        fill_mode = "nearest",
        zoom_range = 0.3,
        width_shift_range = 0.3,
        height_shift_range=0.3,
        rotation_range=30)

 test_datagen = ImageDataGenerator(
        rescale = 1./255,
        horizontal_flip = True,
```

```
        fill_mode = "nearest",
        zoom_range = 0.3,
        width_shift_range = 0.3,
        height_shift_range=0.3,
        rotation_range=30)
```

새로운 추가된 데이터를 생성한다.

```
train_generator = train_datagen.flow_from_directory(
        train_data_dir,
        target_size =(img_height, img_width),
        batch_size = batch_size,
        class_mode = "categorical")

validation_generator = test_datagen.flow_from_directory(
        validation_data_dir,
        target_size =(img_height, img_width),
        class_mode = "categorical")

#조건에 따라 모델 저장
checkpoint = ModelCheckpoint("vgg16_1.h5", monitor='val_acc', verbose=1,
        save_best_only=True, save_weights_only=False, mode='auto', period=1)
early = EarlyStopping(monitor='val_acc', min_delta=0, patience=10,
        verbose=1, mode='auto')

Found 120 images belonging to 2 classes.
Found 40 images belonging to 2 classes.
```

이제 모델의 새로운 마지막 계층을 학습시킨다.

```
model_final.fit_generator(
        train_generator,
        samples_per_epoch = nb_train_samples,
        nb_epoch = epochs,
```

```
        validation_data = validation_generator,
        nb_val_samples = nb_validation_samples,
        callbacks = [checkpoint, early])
```

Epoch 1/50
288/300 [==========================>..] - ETA: 2s - loss: 0.7809 - acc: 0.5000

/usr/local/lib/python 3.5/dist-packages/Keras-1.2.2-
py3.5.egg/keras/engine/training.py:1573: UserWarning: Epoch comprised
more than `samples_per_epoch` samples, which might affect learning
results. Set `samples_per_epoch` correctly to avoid this warning.
    warnings.warn('Epoch comprised more than '

Epoch 00000: val_acc improved from -inf to 0.63393, saving model to vgg16_1.h5
304/300 [==============================] - 59s - loss: 0.7802 - acc: 0.4934
- val_loss: 0.6314 - val_acc: 0.6339
Epoch 2/50
296/300 [=============================>.] - ETA: 0s - loss: 0.6133 - acc:
0.6385Epoch 00001: val_acc improved from 0.63393 to 0.80833, saving model
to vgg16_1.h5
312/300 [==============================] - 45s - loss: 0.6114 - acc:
0.6378 - val_loss: 0.5351 - val_acc: 0.8083
Epoch 3/50
288/300 [==========================>..] - ETA: 0s - loss: 0.4862 -
acc:0.7986Epoch 00002: val_acc improved from 0.80833 to 0.85833, saving model
to vgg16_1.h5
304/300 [==============================] - 50s - loss: 0.4825 - acc: 0.8059
- val_loss: 0.4359 - val_acc: 0.8583
Epoch 4/50
296/300 [=============================>.] - ETA: 0s - loss: 0.3524 -
acc:0.8581Epoch 00003: val_acc improved from 0.85833 to 0.86667, saving model
to vgg16_1.h5
312/300 [==============================] - 48s - loss: 0.3523 - acc:0.8590 -
val_loss: 0.3194 - val_acc: 0.8667
Epoch 5/50
288/300 [==========================>..] - ETA: 0s - loss: 0.2056 -
```
```

acc:0.9549Epoch 00004: val_acc improved from 0.86667 to 0.89167, saving model to vgg16_1.h5

304/300 [==============================] – 45s – loss: 0.2014 – acc: 0.9539 – val_loss: 0.2488 – val_acc: 0.8917

Epoch 6/50

296/300 [==============================>.] – ETA: 0s – loss: 0.1832 – acc:0.9561Epoch 00005: val_acc did not improve

312/300 [==============================] – 17s – loss: 0.1821 – acc:0.9551 – val_loss: 0.2537 – val_acc: 0.8917

Epoch 7/50

288/300 [==============================>..] – ETA: 0s – loss: 0.0853 – acc:0.9792Epoch 00006: val_acc improved from 0.89167 to 0.94167, saving model to vgg16_1.h5

304/300 [==============================] – 48s – loss: 0.0840 – acc: 0.9803 – val_loss: 0.1537 – val_acc: 0.9417

Epoch 8/50

296/300 [==============================>.] – ETA: 0s – loss: 0.0776 – acc:0.9764Epoch 00007: val_acc did not improve

312/300 [==============================] – 17s – loss: 0.0770 – acc:0.9776 – val_loss: 0.1354 – val_acc: 0.9417

Epoch 9/50

296/300 [==============================>.] – ETA: 0s – loss: 0.0751 – acc:0.9865Epoch 00008: val_acc did not improve

312/300 [==============================] – 17s – loss: 0.0719 – acc:0.9872 – val_loss: 0.1565 – val_acc: 0.9250

Epoch 10/50

288/300 [==============================>..] – ETA: 0s – loss: 0.0465 – acc:0.9931Epoch 00009: val_acc did not improve

304/300 [==============================] – 16s – loss: 0.0484 – acc: 0.9901 – val_loss: 0.2148 – val_acc: 0.9167

Epoch 11/50

296/300 [==============================>.] – ETA: 0s – loss: 0.0602 – acc:0.9764Epoch 00010: val_acc did not improve

312/300 [==============================] – 17s – loss: 0.0634 – acc:0.9744 – val_loss: 0.1759 – val_acc: 0.9333

```
Epoch 12/50
288/300 [============================>..] - ETA: 0s - loss: 0.0305 - acc:0.9931
```

이제 수선화 이미지를 시도해보자. 출력에서 첫 번째 항목의 확률이 아주 높다는 것을 나타내는 [1., 0]에 가깝게 나와야 하는 분류기의 출력을 테스트해보자.

```
im = cv2.resize(cv2.imread('test/gaff2.jpg'),(img_width, img_height))
im = np.expand_dims(im, axis=0).astype(np.float32)
im=preprocess_input(im)

out = model_final.predict(im)

print(out)
print(np.argmax(out))

[[ 1.00000000e+00 1.35796010e-13]]
0
```

이제 이런 종류의 꽃에 대해 아주 명확한 답을 낼 수 있다. 잘리거나 왜곡된 새로운 이미지를 갖고 구동시켜서 모델을 테스트해볼 수 있다. 심지어 동일하지는 않지만 비슷한 이미지로도 정확도를 테스트해볼 수 있다.

▎요약

6장에서는 미디어에 매일 나오는 놀라운 새로운 응용 예들을 만들 수 있는 기술 중 하나에 대한 중요한 정보를 제공했다. 제공된 실질적인 예제를 통해 새로운 맞춤 솔루션을 만들 수도 있을 것이다.

지금까지 알아본 모델은 매우 복잡한 문제를 해결하기에 충분하지 않을 것이므로, 7장에서는 시간이라는 중요한 차원을 지금까지의 모델에 포함해서 영역을 좀 더 확대한다.

▌참고 자료

- Fukushima, Kunihiko, and Sei Miyake, Neocognitron: A Self-Organizing Neural Network Model for a Mechanism of Visual Pattern Recognition. Competition and cooperation in neural nets. Springer, Berlin, Heidelberg, 1982. 267-285.

- LeCun, Yann, et al. Gradient-based learning applied to document recognition. Proceedings of the IEEE 86.11(1998): 2278-2324.

- Krizhevsky, Alex, Ilya Sutskever, and Geoffrey E. Hinton, ImageNet Classification with Deep Convolutional Neural Networks. Advances in neural information processing systems. 2012.

- Hinton, Geoffrey E., et al, Improving Neural Networks by Preventing Co-Adaptation of Feature Detectors. arXiv preprint arXiv:1207.0580(2012).

- Simonyan, Karen, and Andrew Zisserman, Very Deep Convolutional Networks for Large-Scale Image Recognition. arXiv preprint arXiv:1409.1556(2014).

- Srivastava, Nitish, et al. Dropout: A Simple Way to Prevent Neural Networks from Overfitting. Journal of machine learning research15.1 (2014): 1929-1958.

- Szegedy, Christian, et al, Rethinking the Inception Architecture for Computer Vision. Proceedings of the IEEE Conference on Computer Vision and Pattern Recognition. 2016.

- He, Kaiming, et al, Deep Residual Learning for Image Recognition. Proceedings of the IEEE conference on computer vision and pattern recognition. 2016.

- Chollet, Fran?ois, Xception: Deep Learning with Depthwise Separable Convolutions. arXiv preprint arXiv:1610.02357(2016).

07

순환 신경망

지금까지 딥러닝의 최근 발전에 대해 알아봤고, 이제 머신 러닝의 최신 내용에 도달했다. 순환 신경망[RNNs, recurrent neural networks]이라고 불리는 최근 알고리즘을 통해 모델에 아주 특별한 차원(시간, 그래서 연속적인 입력이 된다)을 추가하려 한다.

▌ 순서가 있는 문제 풀기: RNNs

7장에서 간단한 모델부터 복잡한 모델에 이르기까지 다음과 같은 몇 가지 일반적인 속성을 가진 다양한 모델들을 살펴봤다.

- 고유하고 단일 입력을 허용한다.

- 고유하고 고정된 크기의 출력을 가진다.
- 출력은 과거 또는 이전 입력에 의존하지 않고 현재 입력 특성에만 의존한다.

실제 생활에서 뇌가 처리하는 정보에는 고유한 구조와 순서가 있으며, 우리가 인식하는 모든 현상의 구조와 순서는 그것을 어떻게 취급하는지에 영향을 미친다. 이런 예에는 음성 이해(문장에서 단어의 순서), 비디오의 연속 장면(비디오의 프레임 순서) 및 언어 변환이 있다. 이들을 다루기 위해 새로운 모델이 만들어졌다. 이들은 RNN에 속한다.

RNN 정의

RNN은 입력 및 출력이 연속적인 값을 갖는 인공 신경망[ANN, Artificial Neural Network] 모델이다. 좀 더 공식적인 정의는 다음과 같이 표현할 수 있다.

> RNN은 고정된 크기의 고차원 벡터(숨겨진 상태라고도 함)의 연속된 값(시퀀스[sequence])을 나타내는데, 이 벡터는 복잡한 비선형 함수를 사용해 새롭게 관찰된 값을 통합한다.

RNN는 많은 것을 표현할 수 있고 임의의 메모리 영역 계산을 구현할 수 있으므로, 어려운 연속적인 작업에서 중요한 성능을 달성하게 구성할 수 있다.

모델링할 시퀀스의 형태

RNN은 입력과 출력이 연속적인 모델에서 동작한다. 이를 바탕으로 가능한 한 모든 조합을 만들어 여러 가지 문제를 해결할 수 있다. 다음 그림에서는 이와 같은 경우에서 사용된 주요 구조와 반복 구조에 대한 예를 보여준다.

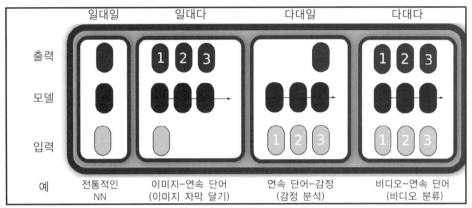

시퀀스 모드 유형

RNN의 탄생

RNN의 기원은 놀랍게도 1970년대의 다른 현대 신경망과 동일한데, 1980년대의 홉필드^{Hopfield} 네트워크로 거슬러 올라간다.

순환 구조에서 처음 반복에 대한 구조는 다음과 같이 나타낼 수 있다.

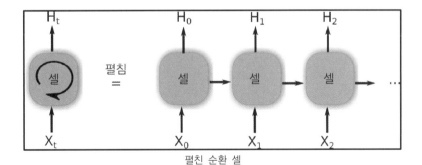

펼친 순환 셀

고전적 RNN 노드는 자기 자신으로 순환되는 연결선을 갖고 있고, 시퀀스가 진행될 때 가중치를 변화시킬 수 있다. 또한 오른쪽에 있는 그림에서는 내부적으로 저장된 확률적인 모델을 기반으로 출력을 생성하기 위해 네트워크를 어떻게 펼칠 수 있는지 볼 수 있다. 최근 입력 사건의 표현을 활성화(장기 기억과는 달리 단기 기억은 천천히 변화

하는 가중치를 포함함) 형태로 저장한다. 이것은 음성 처리, 음악 작곡(Mozer, 1992 같은),
자연 언어 처리[NLP, Natural Language Processing] 및 여타 분야를 포함한 많은 응용 예에서 잠재적으로 중요하다.

훈련 방법: 시간에 따른 역전파

지금까지 알아본 모델 형태를 통해서 훈련 과정을 구현하기 위한 규칙을 발견했을지도 모른다.

순환 신경망의 경우 가장 잘 알려진 오차 최소화 기술은 잘 알려진 (우리의 경우) 역전파 방법의 변형이며, 이것은 **시간에 따른 역전파**[BPTT, backpropagation through time]로 모든 입력 사건 단계를 펼치는 방법으로 동작한다. 각 시간 단계에는 하나의 입력 시간 단계, 전체 네트워크 사본 한 개, 출력 하나를 포함한다. 각 시간 단계마다 오차가 계산돼 누적되고, 마지막으로 네트워크가 되돌려져서 가중치를 업데이트한다.

공간적으로 펼치지 않은 순환 신경망의 각 시간 단계는 하나의 시간 단계에서 다른 단계로의 종속 관계가 있는 추가적인 계층으로 볼 수 있고, 모든 시간 단계의 출력은 다음 시간 단계의 입력이 된다. 이것은 정말 복잡한 훈련 성능이 필요하게 되는데, 이것 때문에 시간 경과에 따른 생략된 역전파가 탄생했다.

다음 의사 코드는 전체 과정을 나타낸다.

```
셀에 k개 요소를 포함하기 위해 네트워크를 펼침
While(error < ε or iteration>max):
    x = zeros(sequence_legth)
    for t in range(0, n-sequence_length) #가중치 초기화
        sequence_length 입력값을 입력 x에 복사
        p =(forward-펼쳐진 전체 네트워크에 전파)
        e = y[t+k] - p;        # 오차를 '목표 값 - 예상 값'으로 계산
        오차 e를 역전파시키고, 펼쳐진 전체 네트워크에 전달
        k개의 모델 요소에 있는 가중치 변화량을 더함
```

f와 g에 있는 모든 가중치 갱신
x = f(x, a[t]); #다음 시간 단계를 위해 새로운 입력 계산

전통적인 RNNs의 주요 문제: 폭발적으로 증가하거나 사라지는 그래디언트 값

그러나 RNN은 복잡하고 긴 시간을 다루는 구조는 학습하기 어렵다는 것이 밝혀졌다. 이 구조는 RNN이 잘 동작해야 하는 구조다. 이와 같은 구조에서 RNN의 장점이 드러나지 않았기 때문에 학습 시에 이 어려움을 다루는 방법은 매우 중요하다.

그러나 널리 사용하는 단기 메모리를 이용하는 학습 알고리즘은 너무 많은 시간이 걸리거나 전혀 동작하지 않는다. 특히 입력과 그에 해당하는 학습 신호 간의 시간 지연이 적으면 더욱 그렇다. 이론적으로 매력적이지만, 이 방법은 기존 피드포워드 네트워크에 비해 확실한 장점을 제공하지 못했다.

RNNs의 주요 문제점 중 하나는 역전파 단계에서 발생한다. 순환 특성이 있기 때문에 오차의 역전파가 갖는 단계의 수는 매우 깊은 네트워크에 해당한다. 그래디언트 계산이 연속적으로 이뤄지는 것은 최종 단계에서 아주 작은 값으로 이어지거나, 반대로 계속 증가해서 무한한 값이 된다. 이러한 현상은 그래디언트의 소실과 폭발이라고 한다. 이것은 LSTM이 만들어진 이유 중 하나다.

기존 BPTT의 문제점은 시간을 뒤로 돌리는 오차 신호가 증가하거나 사라지는 경향이 있다는 것이다. 역전파되는 오차의 시간적 변화는 가중치의 크기에 기하급수적으로 영향을 받는다. 가중치가 계속 바뀐다거나, 너무 많이 걸리거나, 전혀 동작하지 않을 수 있다.

이 그래디언트 소실과 폭발에 대한 문제를 풀기 위한 여러 시도의 결과로 마침에 슈미트후버[Schmidhuber]와 세프[Sepp]가 1997년에 RNNs와 LSTM에 관해 근간이 되는 논문을 출간했다. 이 방법으로 해당 분야의 현대적인 개발을 위한 길을 열었다.

▌ LSTM

LSTM은 셀에 장기 의존성을 도입하기 때문에 RNN의 기본적인 단계다. 전개되지 않은 셀에는 두 개의 다른 파라미터가 있다. 하나는 장기 상태이고, 다른 하나는 단기 기억이다.

단계들 사이에서 장기 요소는 덜 중요한 정보를 잊어버리고, 단기 사건들로부터의 필터링된 정보를 추가해 추후에 통합한다.

LSTM은 실제로 많은 곳에서 사용되며, 나중에 설명할 GRU와 함께 가장 일반적으로 사용되는 순환 모델이다. LSTM을 구성 요소로 나눠서 어떻게 동작하는지 이해해보자.

게이트 및 곱 연산

LSTM는 현재의 중요한 것을 기억하고 과거의 중요하지 않은 것을 천천히 잊어버리는 두 개의 기본 값을 갖는다. 이런 종류의 필터링을 적용하기 위해 어떤 메커니즘을 사용할 수 있을까? 이것은 게이트^{gate} 연산이라고 한다.

게이트 연산에는 기본적으로 다변량 벡터 입력과 필터 벡터가 있고, 이것은 입력과 곱해져서 전달된 입력을 허용할지 아니면 제거할지를 결정한다. 이 게이트 필터는 어떻게 조정할까? 이 다변량 제어 벡터(그림에 화살표로 표시돼 있음)는 시그모이드 활성화 함수로 신경망 계층과 연결된다. 제어 벡터를 적용하고 시그모이드 함수를 통과하면 이진형 출력 벡터를 얻을 것이다.

다음 그림에서 게이트는 연속된 스위치들로 표시된다.

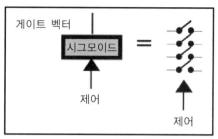

LSTM 게이트

이 과정의 또 다른 중요한 부분은 훈련된 필터를 공식화하는 곱셈이며, 포함된 게이트를 이용해 입력을 효과적으로 곱한다. 화살표 아이콘은 필터링된 정보가 흐르는 방향을 나타낸다.

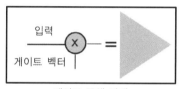

게이트 곱셈 단계

이제는 LSTM 셀을 더 자세히 알아보자.

LSTM에는 셀 상태를 보호하고 제어하는 세 개의 게이트가 있다. 하나는 데이터 흐름의 시작 부분에 있고, 다른 하나는 중간 부분에 있으며, 마지막 부분은 셀의 정보 경계 끝부분에 있다. 이 연산은 중요하지 않은(중요하지 않길 바라는) 상태 데이터를 버리고 중요한 새 데이터를 상태로 통합할 수 있게 한다.

다음 그림은 하나의 LSTM 셀에서 일어나는 연산에 대한 모든 개념을 보여준다. 입력 값으로는 다음과 같은 값을 가진다.

- **장기 정보를 저장하는 셀 상태:** 셀 훈련 시작점에서부터 최적화된 가중치를 전달한다.
- **단기 상태 h(t):** 이것은 각 반복에서 현재 입력과 바로 결합돼서 최근 입력의 값에 훨씬 더 큰 영향을 미친다.

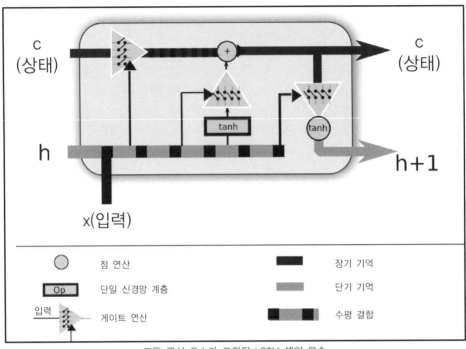

	점 연산		장기 기억
Op	단일 신경망 계층		단기 기억
입력	게이트 연산		수평 결합

모든 구성 요소가 포함된 LSTM 셀의 모습

이제 하나의 셀에서 서로 다른 게이트와 연산이 어떻게 동작하는지를 더 잘 이해할 수 있게 LSTM의 데이터 흐름을 살펴보자.

파트 1: 잊어버릴 값 설정(입력 게이트)

이 단계에서 입력 값과 결합된 단기 기억에서부터 오는 값을 입력으로 받고, 다변수 시그모이드로 표현되는 이진 함수를 출력한다. 입력 및 단기 기억 값에 따라 시그모이드 출력은 장기적으로 저장된 값을 필터링한다. 여기서 장기적인 값은 셀 상태의 가중치로 표현된다.

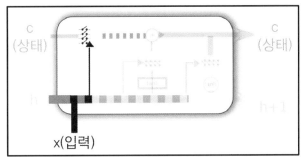

상태를 잊기 위한 파라미터 설정

파트 2: 유지할 값 설정

이제 새롭고 단기적인 메모리를 셀의 반영구적인 상태로 통합하는 것을 허용하거나 거부하는 필터를 설정한다. 따라서 이 단계에서 새롭고 부분적으로 새로운 정보를 셀의 새로운 상태에 얼마나 많이 통합할지를 결정할 것이다.

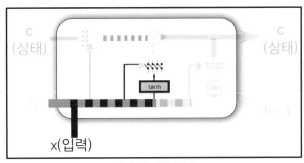

단기 값 선택 단계

파트 3: 셀에 변경 사항 적용

시퀀스의 이 부분에서는 구성한 정보 필터를 마침내 통과할 것이고, 결과적으로 업데이트된 장기 상태를 갖게 될 것이다.

신규 및 단기 정보를 정규화하기 위해 새로운 입력 및 단기 상태를 tanh 활성화 함수로 신경망을 통과시킨다. 이 단계를 거치면 [-1, 1] 범위에서 정규화된 새 정보를 얻을 수 있다.

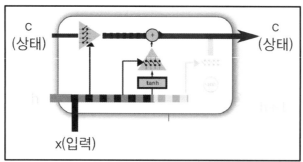

상태 변경 지속 단계

파트 4: 필터링된 셀 상태 출력

이제 단기적 상태의 전환 부분이다. 또한 새로운 단기 이전 상태를 사용해 필터를 설정한다. 이 필터는 장기 상태를 통과하고 tanh 함수가 곱해진 후 정보를 다시 정규화해 (-1, 1) 범위로 맞춘다.

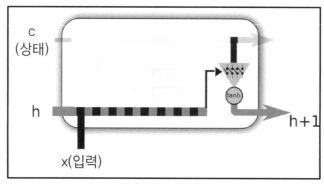

새로운 단기 생성 단계

▌ 에너지 소비 데이터를 이용한 단변량 시계열 예측

이 예에서는 회귀 문제를 해결한다. 이를 위해 두 개의 LSTM으로 다계층 RNN을 구축한다. 이 회귀 유형은 여러 입력을 하나로 출력하는 형태다. 이 네트워크는 연속된 에너지 소비 값을 수신하고 이전 네 개의 레지스터를 기반으로 다음 값을 출력한다.

작업할 데이터셋은 일정 기간 동안 한 가정에서 사용된 전력 측정값을 요약한 것이다. 이런 종류의 데이터에는 패턴이 있을 것이라고 추측할 수 있다(거주자가 낮 동안에 전자레인지를 사용해 아침을 준비하고 컴퓨터를 사용할 때는 증가하고, 오후에는 조금 줄어들고, 모든 조명을 사용하는 저녁 시간대에 증가하고, 잠잘 때는 마침내 0으로 감소한다).

적절한 환경 변수를 설정하고 필요한 라이브러리를 로드하는 것으로 시작하자.

```
%matplotlib inline
%config InlineBackend.figure_formats = {'png', 'retina'}

import numpy as np
import pandas as pd
import tensorflow as tf
from matplotlib import pyplot as plt

from keras.models import Sequential
from keras.layers.core import Dense, Activation
from keras.layers.recurrent import LSTM
from keras.layers import Dropout

Using TensorFlow backend.
```

데이터셋 설명 및 불러오기

이 예에서는 아르투르 트린다지^{Artur Trindade}의 전기 사용량 데이터셋^{Electricity Load Diagrams} ^{Data Sets}(https://archive.ics.edu/ml/datasets/ElectricityLoadDiagrams20112014)를 사용한다. 다음은 데이터 집합의 설명이다.

데이터셋에는 누락 된 값이 없다.

매 15분마다 측정값이 kW 단위로 저장돼 있다. 값을 kWh로 변환하려면 4로 나눠야 한다.

각 열은 하나의 사용자를 나타낸다. 일부 사용자에 대한 값은 2011년 이후에 만들어졌다. 이 경우 사용량은 0으로 간주된다.

모든 시간 레이블은 포르투갈 시간으로 매일 96개의 측정값(24×15)으로 돼 있다.

매년 3월 시간 변경일(하루가 23시간이다)의 오전 1시부터 2시 사이에 있는 모든 점의 값은 0이다. 그리고 10월의 시간 변경일(이때는 하루가 25시간이다)의 오전 1시부터 2시 사이의 값은 2시간의 소비량을 더한 값이다.

모델을 간단히 설명하기 위해 단 한 명의 고객의 측정값을 선택해 데이터 형식을 표준 CSV로 변환했다. 이 파일은 7장의 코드 폴더의 데이터 폴더에 있다.

따라서 데이터셋에서 샘플로 사용할 가정 소비량의 처음 1,500개 값을 로드한다.

```
df = pd.read_csv("data/elec_load.csv", error_bad_lines=False)
plt.subplot()
plot_test, = plt.plot(df.values[:1500], label='Load')
plt.legend(handles=[plot_test])
```

다음 그래프는 모델링해야 하는 데이터의 부분집합을 보여준다.

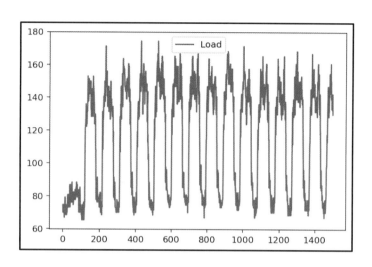

이 표현을 살펴보면(처음 1,500개의 샘플을 사용한다) 측정되기 시작할 때의 초기 변화 상태를 볼 수 있고, 그 이후에는 명확히 높고 낮게 소비량이 변하는 사이클을 확인할 수 있다. 간단한 관찰을 통해 이 사이클이 거의 100 샘플 주기로 이뤄지고, 하루 데이터인 96에 근접하다는 것을 확인할 수 있다.

데이터셋 사전 처리

역전파 방법이 좀 더 잘 수렴되게 하기 위해 입력 데이터를 정규화시켜야 한다. 그래서 많이 쓰이는 크기 변형 및 중간 값을 맞추는 기법을 적용하기 위해 평균값을 빼고 최댓값의 `floor()`로 크기 변형할 것이다. 필요한 값을 얻기 위해 pandas의 `describe()` 함수를 사용한다.

```
print(df.describe())
array=(df.values - 145.33) /338.21
plt.subplot()
plot_test, = plt.plot(array[:1500], label='Normalized Load')
plt.legend(handles=[plot_test])
```

	Load
count	140256.000000
mean	145.332503
std	48.477976
min	0.000000
25%	106.850998
50%	151.428571
75%	177.557604
max	338.218126

다음은 정규화된 데이터의 그래프이다.

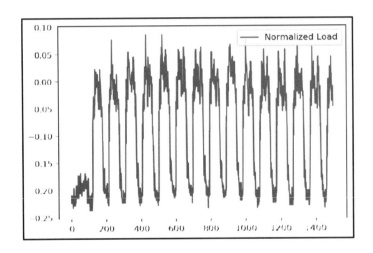

이 단계에서는 입력 x(이전 5개 값)와 해당 입력 y(5개 시간 단계 이후의 값)를 갖는 입력 데이터셋을 준비한다. 그런 다음 처음 13,000개의 요소를 학습 세트에 할당한 후 1,000개의 다음 샘플을 테스트 세트에 할당한다.

```
listX = []
listy = []
X={}
y={}
```

```
for i in range(0,len(array)-6):
    listX.append(array[i:i+5].reshape([5,1]))
    listy.append(array[i+6])

arrayX=np.array(listX)
arrayy=np.array(listy)

X['train']=arrayX[0:13000]
X['test']=arrayX[13000:14000]

y['train']=arrayy[0:13000]
y['test']=arrayy[13000:14000]
```

이제는 각각의 끝에 드롭아웃 계층이 있는 이중 LSTM로 모델을 구축한다.

```
#모델 구축
model = Sequential()

model.add(LSTM( units=50, input_shape=(None, 1), return_sequences=True))

model.add(Dropout(0.2))

model.add(LSTM( units=200, input_shape=(None, 100),
        return_sequences=False))
model.add(Dropout(0.2))

model.add(Dense(units=1))
model.add(Activation("linear"))

model.compile(loss="mse", optimizer="rmsprop")
```

이제 모델을 실행하고 가중치를 조정할 차례다. 모델 조정기는 데이터셋 값의 8%를 유효성 검증 세트로 사용한다.

```
#모델을 데이터에 맞춤
model.fit(X['train'], y['train'], batch_size=512, epochs=10,
        validation_split=0.08)
```

Train on 11960 samples, validate on 1040 samples

Epoch 1/10
11960/11960 [==============================] - 41s - loss: 0.0035 -val_loss:
0.0022
Epoch 2/10
11960/11960 [==============================] - 61s - loss: 0.0020 -val_loss:
0.0020
Epoch 3/10
11960/11960 [==============================] - 45s - loss: 0.0019 -val_loss:
0.0018
Epoch 4/10
11960/11960 [==============================] - 29s - loss: 0.0017 -val_loss:
0.0020
Epoch 5/10
11960/11960 [==============================] - 30s - loss: 0.0016 -val_loss:
0.0015
Epoch 6/10
11960/11960 [==============================] - 28s - loss: 0.0015 -val_loss:
0.0013
Epoch 7/10
11960/11960 [==============================] - 43s - loss: 0.0014 -val_loss:
0.0012
Epoch 8/10
11960/11960 [==============================] - 37s - loss: 0.0013 -val_loss:
0.0013
Epoch 9/10
11960/11960 [==============================] - 31s - loss: 0.0013 -val_loss:
0.0012
Epoch 10/10
11960/11960 [==============================] - 25s - loss: 0.0012 -val_loss:
0.0011

```
<keras.callbacks.History at 0x7fa435512588>
```

크기를 조정한 후 이 모델이 샘플 값을 얼마나 잘 일반화하는지를 확인하기 위해 실제
테스트 값과 비교해서 값을 잘 예측하는지 살펴볼 차례다. 이 테스트 값은 모델 학습
시에 이용되지 않은 값이다.

```python
# 테스트 데이터셋과 예측 데이터 크기 조정

test_results = model.predict( X['test'])

test_results = test_results * 338.21 + 145.33
y['test'] = y['test'] * 338.21 + 145.33

plt.figure(figsize=(10,15))
plot_predicted, = plt.plot(test_results, label='predicted')

plot_test, = plt.plot(y['test'] , label='test');
plt.legend(handles=[plot_predicted, plot_test]);
```

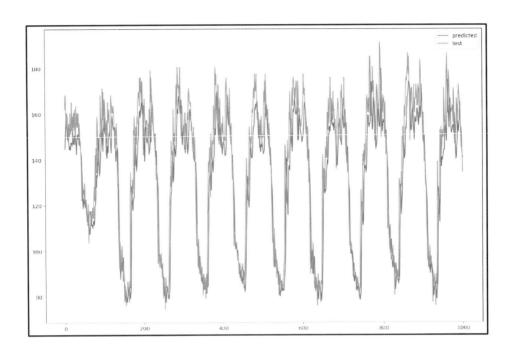

█ 요약

7장에서는 관심 영역을 더욱 확대했고, 시간이라는 중요한 차원을 요소 집합에 추가해 일반화했다. 또한 실제 데이터를 기반으로 RNN의 실질적인 문제를 해결하는 방법을 알아봤다.

가능한 옵션들을 모두 다뤘다고 생각할지라도 더 많은 곳에 적용시키기 위해서는 더 많은 모델의 유형을 봐야 한다!

8장에서는 학습시켜 똑똑한 요소를 만들 수 있는 최첨단 아키텍처에 대해 알아본다. 예를 들어 어떤 방법은 유명한 화가의 스타일을 그림으로 옮기거나 비디오 게임을 할 수 있다. 강화 학습 및 생성적 대립 신경망generative adversarial networks에 대해서 계속 알아보자.

▍참고 자료

- Hopfield, John J, Neural networks and physical systems with emergent collective computational abilities. Proceedings of the national academy of sciences 79.8(1982): 2554-2558.

- Bengio, Yoshua, Patrice Simard, and Paolo Frasconi, Learning long-term dependencies with gradient descent is difficult. IEEE transactions on neural networks 5.2(1994): 157-166.

- Hochreiter, Sepp, and J?rgen Schmidhuber, long short-term memory. Neural Computation 9.8(1997): 1735-1780.

- Hochreiter, Sepp. Recurrent neural net learning and vanishing gradient. International Journal Of Uncertainity, Fuzziness and Knowledge-Based Systems 6.2(1998): 107-116.

- Sutskever, Ilya, Training recurrent neural networks. University of Toronto, Toronto, Ont., Canada(2013).

- Chung, Junyoung, et al, Empirical evaluation of gated recurrent neural networks on sequence modeling. arXiv preprint arXiv:1412.3555(2014).

08

최근 모델 및 개발 현황

앞의 장들에서는 잘 알려진 피드포워드 신경망 같은 간단한 전달 메커니즘을 시작으로 머신 러닝 모델에서의 많은 학습 메커니즘을 살펴봤다. 그런 다음 순환 신경망[RNN]을 통해 정해진 입력 시퀀스를 학습 입력으로 받아들이는 좀 더 복잡하고 현실적인 메커니즘을 살펴봤다.

이제 실세계의 다른 형태 문제를 다루는 최근에 소개된 두 가지 최신 방법을 살펴보려 한다. 첫 번째 경우는 모델을 최적화하는 단일 네트워크에 추가적인 구조를 통해 서로의 결과를 향상시키는 방법인 생성적 대립 신경망[GAN, Generative Adversarial Networks]이다.

두 번째 경우에는 보상을 최대화하는 최적의 과정을 결정하는 다른 종류의 모델인 강화 학습에 대해 알아본다.

▌GAN

GAN은 비지도 학습 모델의 새로운 형태이며, 지난 10년간 매우 혁신적인 모델 중 하나다. 이 방법은 두 개의 경쟁 모델을 갖고 반복을 통해 서로를 향상시킨다.

이 구조는 원래 지도 학습과 게임 이론을 기반으로, 주목적은 동일한 분류에 속한 원래 데이터셋으로부터 실제적인 샘플을 생성하는 방법을 학습하는 것이다.

다음 그래프에서 볼 수 있듯이 GANs에 대한 연구의 양은 거의 기하급수적으로 증가하고 있다.

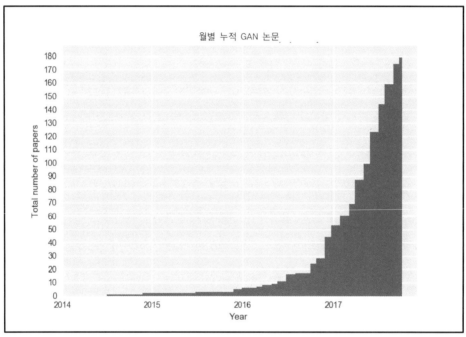

출처: The GAN Zoo(https://github.com/hindupuravinash/the-gan-zoo)

GAN 적용 사례

누락된 정보를 완성하는 것을 비롯해 GAN은 이전 샘플 모음으로부터 새로운 샘플을 만들어내는 곳에 적용할 수 있다.

다음 화면은 LSGAN 구조로 만든 여러 샘플을 보여주며, 이 구조는 주방, 교회, 부엌, 회의실의 다섯 장면을 포함하는 LSUN 데이터셋을 이용했다.

LSGAN이 만든 모델

또 다른 흥미로운 예는 **플러그앤플레이 생성망**PPGN, Plug and Play Generative Network을 이용해 227×227 이미지에서 100×100의 누락된 픽셀을 채우는 클래스 조건적class-conditional 이미지 샘플링이다.

다음 화면에서는 PPGN 변형과 이와 같은 역할을 하는 포토샵 이미지 완성 결과를 비교한다.

a) 마스크된 이미지   b) PPGN   c) PPGN 컨텍스트   d) 포토샵

PPGN 화면 채움 예

또한 PPGN은 화산 클래스에 대해서 고해상도(227×227)로 이미지를 합성할 수 있다. 많은 이미지가 사진처럼 진짜 같을 뿐더러 이 클래스에 속한 샘플 또한 다양하다.

화산

PPGN가 생성한 화산 샘플

다음 화면은 벡터 연산 과정을 시각적으로 표현하고 있다. 이미지에 있는 물체를 나타내는 연산을 사용해 피처 공간에서 이들을 추가하거나 삭제할 수 있다.

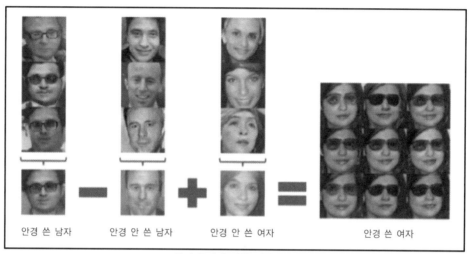

특징 공간에 대한 벡터 연산

판별 및 생성 모델

생성적 대립 신경망의 개념을 이해하기 위해서 표준 GAN에서 상호작용하는 두 가지 모델을 우선 정의한다.

- **생성자(Generator):** 표준 임의 분포(예: n차원 가우시안 샘플)로 만들어진 샘플로부터 XX와 같은 동일한 분포에서 나온 것처럼 보이는 점을 만드는 작업을 한다. 생성자는 판별자를 속여서 1을 출력하게 한다고 말할 수 있다. 수학적으로 이 생성자는 입력 데이터(x)를 원하는 출력 클래스 레이블(y)에 매핑하는 함수를 학습한다. 확률적으로 보면 입력 데이터의 조건부 분포 $P(y|x)$를 학습한다. 이 생성자는 두 가지(또는 그 이상)의 서로 다른 데이터 클래스를 구별한다. 인간 얼굴의 이미지가 주어진 경우 1을 출력하고, 그렇지 않은 경우 0을 출력하게 훈련한 합성곱 신경망의 예다.

- **판별자(Discriminator):** 실제 데이터와 생성자에 의해 생성된 인공 데이터의 샘플을 판별하는 작업을 한다. 이 두 모델은 서로 다른 모델을 이기려 한다(생성자의 목표는 판별자를 속이는 것이며, 판별자의 목표는 생성자에 속지 않는 것이다).

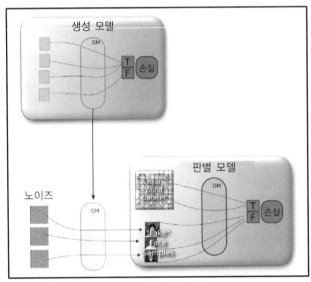

GAN을 위한 훈련 과정

좀 더 공식적으로 본다면 생성자는 입력 데이터와 레이블의 결합 확률joint probability, 즉 $P(x, y)$를 학습하려고 한다. 따라서 새로운 (x, y) 샘플을 생성하는 것과 같은 다른 용도로도 사용할 수 있다. 생성자는 데이터의 클래스에 대해서는 전혀 알지 못한다. 대신 이것의 목적은 훈련 데이터 분포를 따르는 새로운 데이터를 생성하는 것이다.

일반적인 경우 생성자와 판별자 모두 신경망이며, 교대로 훈련된다. 각각의 목표는 그래디언트 디센트를 통해 최적화할 수 있는 손실 함수로 표현할 수 있다.

최종 결과는 서로 향상된 두 개의 모델이다. 생성자가 더 나은 이미지를 생성하고, 판별자가 생성된 샘플이 가짜인지 여부를 더욱 잘 결정한다. 실제적으로 최종 결과는 정말로 우수하고 사실적인 새로운 샘플(예: 자연에 있는 랜덤 사진)을 생성하는 모델이다.

266

GANs의 주요 시사점을 요약하면 다음과 같다.

- GAN은 지도 학습을 사용해 다루기 어려운 비용 함수를 근사화하는 생성 모델이다.
- GAN은 최대 우도에 사용되는 것과 같은 많은 비용 함수를 시뮬레이션할 수 있다. 고차원적이고 연속적이며 컨벡스하지 않은[non-convex] 게임에서 Nash 평형을 찾는 것은 아직 해결되지 않은 중요한 연구 과제다.
- GAN은 다양한 이미지 클래스로부터 강력한 고해상도 샘플을 생성할 수 있는 PPGN의 핵심 요소다.

▌강화 학습

강화 학습은 최근에 재등장한 분야이며, 문제를 풀기 위해 여러 단계를 고려해야 하는 게임 및 상황에 따른 문제 해결 방법을 찾는 제어 분야에서 더욱 각광받고 있다.

강화 학습의 정식 정의는 다음과 같다.

> 강화 학습은 동적 환경과 시행착오를 통한 상호작용으로 행동을 배우는 에이전트에 관한 문제다.(Kaelbling et al. 1996)

이와 같은 문제를 풀기 위해 **마르코프 결정 과정**[Markov decision process]이라고 불리는 1950년대에 개발된 수학적 개념부터 살펴보자.

마르코프 결정 과정

강화 학습 기술을 설명하기 전에 해결할 문제 유형을 알아보자.

강화 학습에서는 마르코프 결정 과정의 문제를 최적화하고자 한다. 이 과정은 결과가 일부 랜덤하며, 에이전트가 부분적으로만 통제 가능한 상황에서 의사 결정을 돕는 수학적 모델로 구성된다.

이 모델의 주요 요소는 다음 다이어그램에 표시된 것과 같이 에이전트, 환경, 상태다.

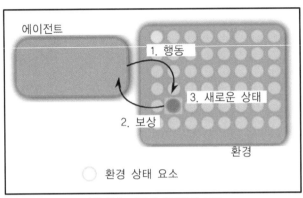

강화 학습 과정의 간략화된 구조

에이전트는 (패들을 왼쪽이나 오른쪽으로 움직이는 것과 같은) 특정 행동을 수행할 수 있다. 이러한 행동으로 (점수가 올라가거나 내려가는 등) 긍정적이거나 부정적인 보상 r를 받을 수 있다. 행동은 환경을 변경하고 에이전트가 다른 행동 a_{t+1}을 수행할 수 있는 새로운 상태 s_{t+1}로 이어질 수 있다. 한 상태에서 다른 상태로 전환하는 규칙과 함께 상태, 행동, 보상 집합이 마르코프 결정 과정을 구성한다.

의사 결정 요소

문제를 이해하기 위해 문제 환경 속에 들어가서 주요 요소를 살펴보자.

- 상태 집합
- 행동은 한곳에서 다른 장소로 이동하기 위해서 이용된다.
- 보상 함수는 에지로 표현된 값이다.
- 정책은 작업을 수행하는 방법이다.
- 감소 요인은 미래 보상의 중요도를 결정한다.

지도 학습과 비지도 학습 같은 전통적인 형태와의 가장 큰 차이점은 보상을 계산하는 시간이 걸리는 것이다. 즉, 강화 학습에서는 즉각적이지 않고 몇 단계 이후에 이 보상이 나온다.

따라서 다음 상태는 현재 상태와 의사 결정자의 행동에 따라 달라지며, 상태는 모든 이전 상태(메모리를 갖지 않음)에 종속되지 않으며, 이것은 마르코프 특성을 따른다.

이것은 마르코프 결정 과정이기 때문에 상태 s_{t+1}의 확률은 현재 상태 s_t 및 행동 a_t에 의존한다.

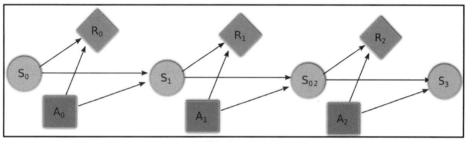

풀어쓴 강화 메커니즘

전체 과정의 목표는 보상을 최대화하는 정책 P를 생성하는 것이다. 훈련 샘플은 $<s, a, r>$ 튜플이다.

마르코프 과정 최적화

강화 학습은 에이전트와 환경 간의 반복적인 상호작용을 한다. 매 단계에서 다음을 진행한다.

- 어떤 상태에 있을 때 의사 결정권자가 그 상태에서 가능한 어떤 행동을 선택한다.
- 이 선택에 의해 임의의 새로운 상태로 이동하고 의사 결정권자에게 그에 따른 보상을 다음 단계에서 제공한다.

- 이 과정을 통해 새로운 상태로 이동할 확률은 선택된 행동과 상태 전이 함수의 영향을 받는다.

▌기본 RL 기술: Q-러닝

이번 절에서 예로 들 Q-러닝은 가장 잘 알려 강화 학습 기법 중 하나다.

Q-러닝은 유한 마르코프 결정 과정에서 주어진 상태에서 최적의 행동을 찾는 데 사용될 수 있다. Q-러닝은 현재 상태 s에서 행동 a를 수행할 때 최대 감소 미래 보상 maximum discounted future reward 값을 나타내는 Q-함수 값을 최대화하려고 한다.

일단 Q-함수를 알면 상태 s에서의 최적 행동 a는 가장 높은 Q 값을 갖는 동작이다. 그러면 다음과 같이 표현된 모든 상태에서 최적의 동작을 제공하는 정책 $\pi(s)$를 정의할 수 있다.

$$\pi^* = \sum_{t \geq 0} \gamma^t r_t$$

전환 지점 (s_t, a_t, r_t, s_{t+1})마다 다음 지점 (s_{t+1}, a_{t+1}, r_{t+1}, s_{t+2})에 대한 Q-함수를 정의할 수 있다. 이것은 총 감소된 미래 보상과 비슷하다. 이 방정식은 Q-러닝의 벨만[Bellman] 방정식으로 알려져 있다.

$$Q^*(s,a) = \max_{\pi} \mathbb{E} \left[\sum_{t \geq 0} \gamma^t r_t | s_0 = s, a_0 = a, \pi \right]$$

실제로 Q-함수는 상태(s로 표기)가 행[row], 행동(a로 표기)이 열, 각 요소($Q(s, a)$로 표기)는 행에 해당되는 상태에서 열에 해당되는 행동이 선택됐을 때 얻어지는 보상 값이다. 어떤 상태에서나 취할 수 있는 최선의 행동은 가장 높은 보상을 받는 행동이다.

```
Q-table의 Q를 초기화
초기 상태 s 관찰
while(!게임 종료):
    행동 a를 선택하고 수행
    보상 r을 받음
    상태 s'로 진행
    Q(s, a) = Q(s, a) + α(r + γ max_a' Q(s', a') - Q(s, a))
    s = s'
```

이 알고리즘은 기본적으로 벨만 방정식에 확률적 그래디언트 디센트를 수행하고, 상태 공간(또는 에피소드)에서 보상을 역전파하고, 여러 시도(또는 에피소드)를 평균화한다. 여기서 $α$는 이전 Q 값과 감소된 새로운 최대 Q 값 간의 차이를 얼마나 많이 반영할지를 결정하는 학습률이다.

다음 순서도로 이 과정을 표현할 수 있다.

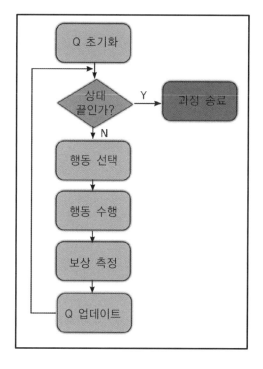

▌ 요약

8장에서는 최근에 등장한 가장 중요하고 혁신적인 구조 두 가지를 다뤘다. 매일 새로운 생성 및 강화 모델이 이전 사례에 적합한 새로운 요소들을 만들거나 전략 게임에서 전문 경기자를 상대로 승리하는 것과 같은 분야에 혁신적으로 적용되고 있다.

9장에서는 책 전체에서 얻은 여러 개념을 좀 더 잘 이해할 수 있도록 제공된 코드를 사용하고 수정하는 데 대한 정확한 설명을 제공한다.

▌ 참고 자료

- Bellman, Richard, A Markovian decision process. Journal of Mathematics and Mechanics(1957): 679-684.

- Kaelbling, Leslie Pack, Michael L. Littman, and Andrew W. Moore, Reinforcement learning: A survey. Journal of artificial intelligence research 4(1996): 237-285.

- Goodfellow, Ian, et al., Generative adversarial nets, advances in neural information processing systems, 2014

- Radford, Alec, Luke Metz, and Soumith Chintala, Unsupervised representation learning with deep convolutional generative adversarial networks. arXiv preprint arXiv:1511.06434(2015).

- Isola, Phillip, et al., Image-to-image translation with conditional adversarial networks, arXiv preprint arXiv:1611.07004(2016).

- Mao, Xudong, et al., Least squares generative adversarial networks. arXiv preprint ArXiv:1611.04076(2016).

- Eghbal-Zadeh, Hamid, and Gerhard Widmer, Likelihood Estimation for Generative Adversarial Networks. arXiv preprint arXiv:1707.07530(2017).

- Nguyen, Anh, et al., Plug & play generative networks: Conditional iterative generation of images in latent space. arXiv preprint arXiv:1612.00005(2016).

09

소프트웨어 설치 및 설정

이제 작별 인사를 할 때가 왔다! 9장에서는 개발 환경 구축에 관한 모든 과정을 자세히 설명한다.

9장에서 다루는 내용은 다음과 같다.

- 리눅스에서 아나콘다와 pip 환경 설치
- 맥OS에서 아나콘다와 쉬운 개발 환경 설치
- 윈도우에서 아나콘다 환경 설치

리눅스를 시작으로 단계별 설치 과정을 알아보자.

█ 리눅스에 설치

리눅스는 머신 러닝 프로젝트를 할 수 있는 가장 유연한 플랫폼이다. 알고 있을 수도 있지만 리눅스는 수많은 배포판이 있으며, 각자 고유한 패키지 관리 기능을 갖고 있다.

이 모든 배포판마다 과정을 설명하는 데 많은 페이지가 필요할 것이고, 여기서는 우분투 16.04 배포판에 대한 설명만을 다룬다.

우분투는 의심의 여지없이 가장 널리 보급된 리눅스 배포판이며, 우분투 16.04의 경우 LTS 버전이다. 즉, 이 책에서 실행할 기본 소프트웨어는 2021년까지만 지원을 받을 수 있다.

 LTS의 의미에 대한 자세한 내용은 https://wiki.ubuntu.com/LTS에서 확인할 수 있다.

많은 사람이 우분투가 초보자에 적합한 배포판이라 하더라도 우분투를 과학적인 연산을 하기 위한 배포판으로 고려하는 것은 적절하다. 우분투는 현재의 머신 러닝 환경에서 요구하는 모든 기술을 지원하고, 넓은 사용자 기반을 갖고 있다.

 9장에서는 데비안을 기반으로 하는 배포판을 기준으로 설명하며, 데비안을 기반으로 하는 다른 배포판에서도 큰 차이 없이 동작할 것이다.

초기 배포판 요구 사항

파이썬 환경을 설치하려면 다음과 같은 사양이 필요하다.

- AMD64 명령어 처리가 가능한 컴퓨터(일반적으로 64비트 프로세서라고 함)
- 클라우드에서 실행되는 AMD64 기반 이미지

AWS에서 동작하는 적절한 AMI(Amazon Machine Image) 코드는 ami-cf68e0d8 이다.

리눅스에 아나콘다 설치

파이썬 배포판을 설치하는 가장 일반적인 방법은 아나콘다라는 소프트웨어 패키지를 사용하는 것이다. 여기에는 고성능 파이썬, Scala 및 R 생태계 같은 데이터 과학에 사용되는 가장 유명한 패키지가 포함돼 있다. 또한 conda를 통해서 추가적인 다른 패키지를 관리한다. conda는 패키지 관리 유틸리티이며, 환경, 패키지 및 종속성을 관리한다.

 아나콘다는 패키지와 패키지 종속성을 관리하는 회사인 Continuum Analytics (continuum.io)가 제작하고 배포한다.

아나콘다를 설치하기 위해 먼저 설치 프로그램 패키지 버전 4.2.0(이 책 집필 당시의 버전)을 다운로드하자.

 최신 패키지 버전은 https://www.anaconda.com/download/에서 찾을 수 있다.

리눅스에 아나콘다를 설치하려면 다음과 같은 단계를 따른다.

1. 다음 명령을 실행한다.

```
curl -O https://repo.continuum.io/archive/Anaconda3-4.2.0-Linux
x86_64.sh
```

이 명령은 다음과 같은 출력을 낼 것이다.

2. 그런 다음 체크섬이나 SHA-256을 사용해 패키지의 데이터 무결성을 검증해
   야 한다. 이 작업을 수행하는 리눅스 명령은 sha256sum이며, 다음과 같이 사
   용한다.

```
sha256sum Anaconda3-4.4.0-Linux-x86_64.sh
```

이 명령은 다음과 같은 출력을 낼 것이다.

3. 다음과 같이 bash 인터프리터를 사용해 설치 프로그램을 실행한다.

```
bash Anaconda3-4.2.0-Linux-x86_64.sh
```

이 명령은 다음과 같은 출력을 낸다.

4. Enter 키를 누르면 다음 화면과 같이 라이선스가 나오는데, 이것을 읽은 후에 yes를 입력하면 승인된다.

```
pyopenssl
A thin Python wrapper around (a subset of) the OpenSSL library.

kerberos (krb5, non-Windows platforms)
A network authentication protocol designed to provide strong authentication
for client/server applications by using secret-key cryptography.

cryptography
A Python library which exposes cryptographic recipes and primitives.

Do you approve the license terms? [yes|no]
>>> yes
Please answer 'yes' or 'no':
>>>
```

5. 그러고 나서 다음 화면과 같이 설치 위치를 선택한 후 모든 패키지의 설치를 시작한다.

```
>>> yes

Anaconda3 will now be installed into this location:
/home/bonnin/anaconda3

  - Press ENTER to confirm the location
  - Press CTRL-C to abort the installation
  - Or specify a different location below

[/home/bonnin/anaconda3] >>>
PREFIX=/home/bonnin/anaconda3
installing: python-3.6.1-2 ...
installing: _license-1.1-py36_1 ...
installing: alabaster-0.7.10-py36_0 ...
installing: anaconda-client-1.6.3-py36_0 ...
```

6. 그다음에는 설치된 아나콘다가 설치된 위치를 경로에 추가할 것인가를 묻는 메시지가 표시된다. 주로 라이브러리와 바이너리의 위치며, 특히 conda 유틸리티가 설치된 위치를 포함한다. 그러면 다음 화면과 같이 설치가 완료된다.

```
Do you wish the installer to prepend the Anaconda3 install location
to PATH in your /home/bonnin/.bashrc ? [yes|no]
[no] >>> yes

Prepending PATH=/home/bonnin/anaconda3/bin to PATH in /home/bonnin/.bashrc
A backup will be made to: /home/bonnin/.bashrc-anaconda3.bak

For this change to become active, you have to open a new terminal.

Thank you for installing Anaconda3!

Share your notebooks and packages on Anaconda Cloud!
Sign up for free: https://anaconda.org
```

7. 다음 명령을 실행해 아나콘다 설치가 제대로 됐는지 테스트해보자.

```
source ~/.bashrc
conda list
```

이 명령은 다음과 같은 출력을 낼 것이다

```
$ source ~/.bashrc
$ conda list
# packages in environment at /home/bonnin/anaconda3:
#
_license                  1.1                        py36_1
alabaster                 0.7.10                     py36_0
anaconda                  4.4.0               np112py36_0
anaconda-client           1.6.3                      py36_0
anaconda-navigator        1.6.2                      py36_0
anaconda-project          0.6.0                      py36_0
asn1crypto                0.22.0                     py36_0
astroid                   1.4.9                      py36_0
astropy                   1.3.2               np112py36_0
babel                     2.4.0                      py36_0
backports                 1.0                        py36_0
```

8. 이제 다음 명령을 실행해 파이썬 3 환경을 만든다.

```
conda create --name ml_env python=3
```

이 명령은 다음과 같은 출력을 낼 것이다.

```
$ conda create --name ml_env python=3
Fetching package metadata .........
Solving package specifications: .

Package plan for installation in environment /home/bonnin/anaconda3/envs/ml_env:

The following NEW packages will be INSTALLED:

    openssl:    1.0.2l-0
    pip:        9.0.1-py36_1
    python:     3.6.1-2
    readline:   6.2-2
    setuptools: 27.2.0-py36_0
    sqlite:     3.13.0-0
    tk:         8.5.18-0
    wheel:      0.29.0-py36_0
    xz:         5.2.2-1
    zlib:       1.2.8-3

Proceed ([y]/n)?

openssl-1.0.2l 100% |##################################################
readline-6.2-2 100% |##################################################
```

9. 이 새 환경을 활성화하기 위해 다음과 같이 source 명령을 사용한다.

source activate ml_env

이 명령은 다음과 같은 출력을 낼 것이다.

```
$ source activate ml_env
(ml_env) $
```

10. 환경이 활성화되면 명령 프롬프트의 앞 글자가 다음과 같이 변경된다.

python --version

이 명령은 다음과 같은 출력을 낼 것이다.

```
$ source activate ml_env
(ml_env) $ python --version
Python 3.6.1 :: Continuum Analytics, Inc.
(ml_env) $
```

11. 환경을 더 이상 사용하지 않으려면 다음 명령을 실행한다.

```
source deactivate
```

이 명령은 다음과 같은 출력을 낼 것이다.

12. 모든 conda 환경을 검사하려면 다음 conda 명령을 사용할 수 있다.

```
conda info --envs
```

이 명령은 다음과 같은 출력을 낼 것이다.

```
$ conda info --envs
# conda environments:
#
ml_env                       /home/bonnin/anaconda3/envs/ml_env
root                   *     /home/bonnin/anaconda3
```

별표(*)는 현재 활성된 환경을 나타낸다.

13. 다음 명령을 실행해 추가 패키지를 설치한다.

```
conda install --name ml_env numpy
```

이 명령은 다음과 같은 출력을 낼 것이다.

```
$ conda install --name ml_env numpy
Fetching package metadata ........
Solving package specifications: .

Package plan for installation in environment /home/bonnin/anaconda3/envs/ml_env:

The following NEW packages will be INSTALLED:

    mkl:   2017.0.1-0
    numpy: 1.13.0-py36_0

Proceed ([y]/n)?

mkl-2017.0.1-0   31% |#########################
```

14. 환경을 삭제하려면 다음 명령을 사용할 수 있다.

```
conda remove --name ml_env -all
```

15. 나머지 라이브러리를 추가한다.

```
conda install tensorflow
conda install -c conda-forge keras
```

pip 리눅스 설치 방법

이 절에서는 **pip**(pip은 패키지들을 설치한다) 패키지 관리자를 사용해 프로젝트에 필요한 모든 라이브러리를 설치한다.

Pip은 파이썬의 기본 패키지 관리자며, 매우 많은 수의 사용 가능한 라이브러리를 갖고 있다. 또한 거의 모든 주요한 머신 러닝 프레임워크를 포함한다.

파이썬 3 인터프리터 설치

우분투 16.04는 파이썬 2.7을 기본 인터프리터로 사용한다. 그래서 첫 번째 단계는 파이썬 3 인터프리터와 필요한 라이브러리를 설치하는 것이다.

```
sudo apt-get install python3
```

pip 설치

pip 패키지 관리자를 설치하기 위해서는 우분투의 **apt-get** 패키지 관리자를 사용해 **python3-pip** 패키지를 설치한다.

```
sudo apt-get python3-pip
```

필수 라이브러리 설치

나머지 필수 라이브러리를 설치하기 위해 다음 명령을 실행한다. 이 책에서 다루는
예제들을 실행하기 위해서는 많은 패키지가 필요하다.

```
sudo pip3 install pandas
sudo pip3 install tensorflow
sudo pip3 install keras
sudo pip3 install h5py
sudo pip3 install seaborn
sudo pip3 install jupyter
```

▌ 맥OS X 환경에 설치

이제 맥OS X 설치에 대해 알아본다. 설치 과정은 리눅스와 매우 유사하며, OS X High
Sierra를 기반으로 한다.

 설치하려면 설치하는 사용자에 대한 sudo 권한이 필요하다.

아나콘다 설치

아나콘다^{Anaconda}는 그래픽 설치 프로그램 또는 콘솔 기반 설치 프로그램으로 설치할 수 있다. 이 절에서는 그래픽 설치 프로그램에 대해 설명한다. 먼저 https://www.anaconda.com/download/에서 64비트 패키지 설치 프로그램을 선택한다.

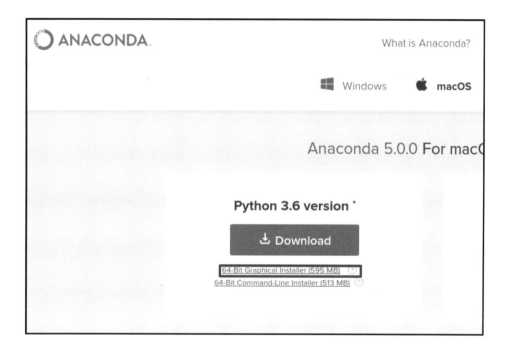

설치 프로그램 패키지를 다운로드하고 설치 프로그램을 실행하면 단계별로 선택이
가능한 GUI가 실행된다.

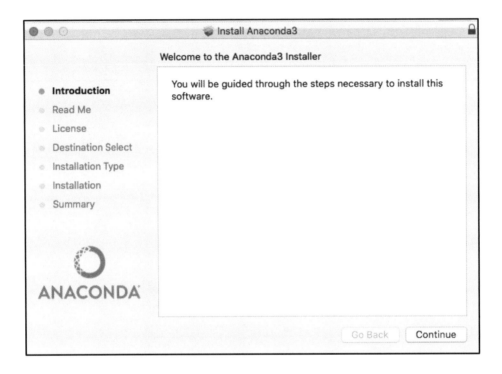

그리고 설치 위치를 선택한다(전체 패키지에 설치하면 거의 2GB의 디스크가 필요하다는 것을 염두에 두자).

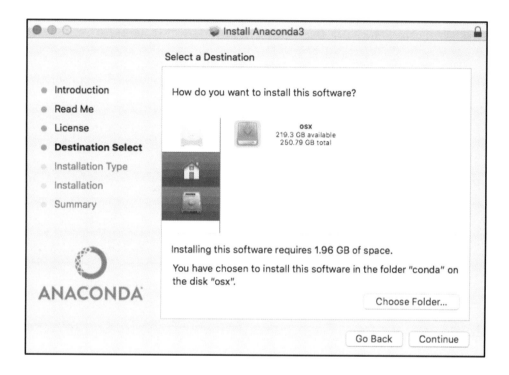

필요한 파일을 설치하기 전에 먼저 라이선스를 승인한다.

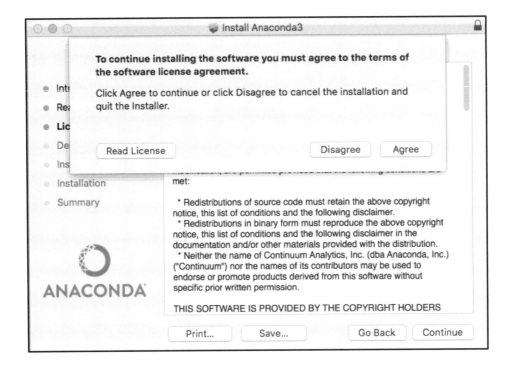

파일 압축 풀기 및 설치 과정이 끝나면 아나콘다 유틸리티를 사용할 수 있다.

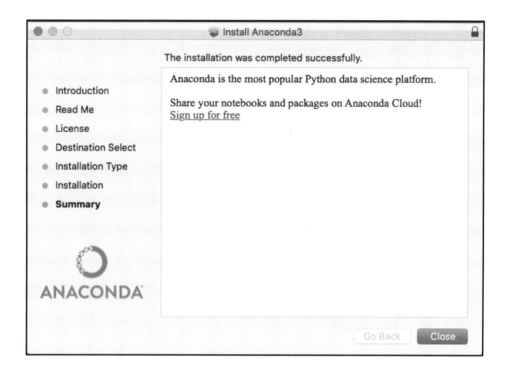

마지막 단계는 아나콘다 배포본에서 누락된 패키지를 conda 명령으로 설치하는 것이다.

```
conda install tensorflow
conda install -c conda-forge keras
```

pip 설치

이 절에서는 setuptools 파이썬 패키지에 포함된 easy_install을 사용해 pip 패키지 관리자를 설치한다. 이 패키지 관리자는 기본적으로 운영체제에 포함돼 있다.

설치를 위해 터미널에서 다음 명령을 실행한다.

```
/usr/bin/ruby -e "$(curl -fsSL
https://raw.githubusercontent.com/Homebrew/install/master/install)"

$ sudo brew install python3
```

pip를 이용한 나머지 라이브러리 설치

그런 다음 남은 모든 라이브러리를 설치한다.

```
sudo pip3 install pandas
sudo pip3 install tensorflow
sudo pip3 install keras
sudo pip3 install h5py
sudo pip3 install seaborn
sudo pip3 install jupyter
```

이로써 맥용 설치 과정이 완료된다. 윈도우에서의 설치 과정으로 넘어가자.

▌ 윈도우에 설치

윈도우는 파이썬을 문제없이 실행할 수 있는 플랫폼이다. 이 절에서는 윈도우 플랫폼에서 아나콘다 설치에 대해 알아본다.

아나콘다 윈도우 설치

아나콘다를 설치하는 과정은 그래픽 설치 프로그램 때문에 맥OS와 매우 유사하다. 먼저 https://www.anaconda.com/download/에서 64비트 설치 프로그램 패키지를 다운로드한다.

Anaconda 5.0.0 For Windows Installer

Python 3.6 version *

⬇ Download

64-Bit Graphical Installer (535 MB)
32-Bit Graphical Installer (436 MB)

설치 프로그램을 다운로드한 후에는 라이선스에 동의하고 다음 단계로 간다.

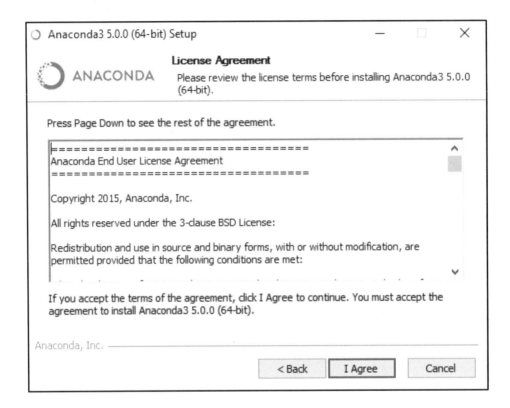

그런 다음 현재 사용자 또는 모든 사용자에 대해 플랫폼을 설치하게 선택할 수 있다.

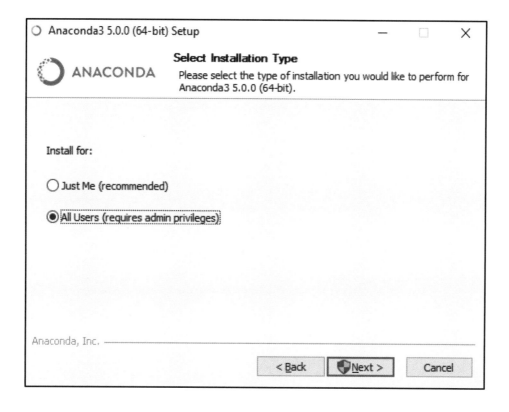

그런 다음 전체 설치를 위한 설치 디렉토리를 선택한다. 설치하면 2GB 정도의 디스크를 차지할 것이다.

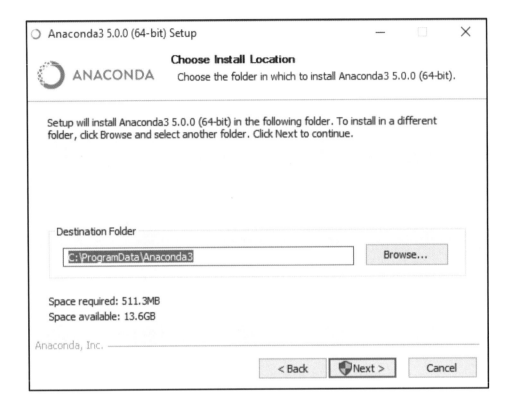

환경이 설치되면 윈도우 메뉴에서 주피터 노트북 바로 가기를 찾을 수 있다.

파이썬 명령과 conda 유틸리티를 사용하는 데 필요한 경로와 환경 변수를 로드하는
아나콘다 프롬프트가 있다.

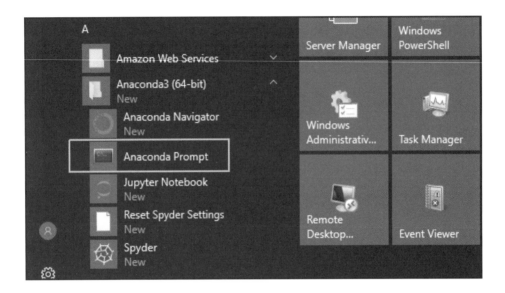

마지막 단계는 아나콘다에서 다음과 같은 conda 명령을 실행해 누락된 패키지를 설치
하는 것이다.

```
conda install tensorflow
conda install -c conda-forge keras
```

▌요약

축하한다! 머신 러닝의 기본 원리에 대한 실용적인 요약을 방금 마쳤다. 이 마지막
장에서는 머신 러닝을 위한 컴퓨터 환경을 구축하는 데 도움이 되는 여러 방법을
다뤘다.

주의 깊게 읽어준 것에 대해 진심으로 감사드린다. 그리고 여기에서 다룬 내용들이 흥미롭고 매력적이길 바란다. 지금까지 제시한 도구, 항상 개발되고 있는 새로운 도구, 그리고 지금까지 제공한 지식을 통해 새로운 도전적인 문제를 해결할 준비가 됐길 바란다.

책을 쓰고 실용적인 방식으로 개념들을 이해하는 데 도움이 되는 최선의 방법을 찾는 과정은 우리에게 정말 멋진 일이었다. 주저하지 말고 출판사에서 제공하는 채널을 통해 질문, 제안, 그리고 버그에 대해 알려주길 바란다.

즐거운 학습이 되길!

| 찾아보기 |

ㄱ

가공 전 자료 30
가짜 랜덤 153
강화 학습 34, 78, 261, 267
객체지향 프로그래밍 186
거짓 긍정 84
거짓 부정 84
검출 224
결과 62
계측기 편향 값 74
과소적합 143
과적합 143, 216
관성 최소화 96
구글넷 220
규칙 기반 결정 방법 31
균일 분포 48
그래디언트 디센트 54, 79, 127
그룹화 92
긍정 84
기준 72

ㄴ

누락된 데이터 72
누적 분포 함수 50

ㄷ

다변수 함수 78
다층 신경망 78
다층 인공 신경망 204
다층 퍼셉트론 172
다항식 78
다항식 회귀 115
단일 변수 78
단일 유닛 신경 모델 180
단층 퍼셉트론 218
데이터 기반 알고리즘 31
데이터셋 63
데이터셋 분할 79
동질성 87
드롭아웃 204, 216
등방성 98
딥러닝 218

ㄹ

레지스터 에러 74
로지스틱 계층 224
로지스틱 함수 161
로지스틱 회귀 78, 115, 157
로짓 역함수 160
로짓 함수 159, 160
리눅스 276

ㅁ

마르코프 결정 과정 267
매니폴드 36
맥OS X 284
맨해튼 거리 95
머신 러닝 29
메트릭 49, 68
모델 31, 62
모델 정의 77
모델 피팅 79
모델 함수 127
목표 함수 31
미분 54

ㅂ

반복 79
배치 80
배치 크기 80
베르누이 분포 46
베이지안 확률 이론 31
보상 34
볼록 98
부정 84
분류 224
분류 메트릭 83
분류 문제 35, 77, 185
분산 43
분석적 접근법 121
분할 225
비대칭도 52
비용 함수 119

비지도 학습 33
빅데이터 64

ㅅ

사건 45
산점도 103
상관관계 플롯 135
상관관계 피팅 142
생성자 265
생성적 대립 신경망 261
서브 샘플링 연산 214
선형 78
선형 전달 함수 191
선형 회귀 115, 118
세대 80
소프트맥스 회귀 115
손실 함수 78, 192
순환 신경망 78, 241
스트라이드 209
시간에 따른 역전파 244
시그모이드 161
시그모이드 곡선 51
신경 모델 172
신경망 172
실루엣 계수 87
심층 신경망 37, 218

ㅇ

아나콘다 277, 285
아이리스 데이터셋 137
알렉스넷 219

어파인 74
에이전트 34
엘보우 기법 112
역전파 181
연결 함수 159
연속 합성곱 206
연속적 46
연쇄 법칙 59
오차 함수 127
오차 함수 정의 142
오토인코더 72
완전성 87
우분투 276
원핫 인코딩 73
윈도우에 설치 290
유클리드 거리 95
이산 합성곱 207
이산적 46
이상치 97
인공 신경망 242
인공 지능 31
인셉션 모델 220
일괄 처리 79

ㅈ

자연 로그 159
잔차 120
잔차 네트워크 223
재현율 84
전기 사용량 데이터셋 252
전이 학습 204, 232
전처리 74

정규 분포 49
정규화 75
정량적 변수 117
정류된 선형 유닛 190
정밀도 점수 84
정성적 변수 117
정책 34
정확도 83
주성분 분석 72
주요 기준 105
주피터 노트북 39
중심점 94
중앙값 절대 오차 82
지도 학습 33

ㅊ

차원 축소 기법 78
참 긍정 84
첨도 53
체비셰프 거리 95
체스 거리 95
최근접 이웃 105
최소 절대 오차 192
최소 절대 편차 192
측정 항목 62

ㅋ

커널 212
커널 계수 212
클러스터 36
클러스터링 36, 77

ㅌ

테스트 세트　35
텐서플로 메소드　165
통계　41
통계 및 확률　30
통계적 추론　31

ㅍ

파라미터 초기화　80
파이썬　36, 283
판별자　266
패딩　209
퍼셉트론　172, 179
퍼셉트론 모델　173
페널티　34
편미분　59, 130
평가　62
평균　41
평균 절대 오차　82
평균 제곱 오차　82
평활도　36
표준 편차　45
표준화　75
풀링　204, 214
플러그앤플레이 생성망　263
피드포워드 메커니즘　181
피처 선택기　31
피처 엔지니어링　61, 72
피처 크기 조정　75

ㅎ

합성곱　205
합성곱 신경망　203, 204
혼동 행렬　84
확률　45
확률 변수　46
확률적 특성　31
환경　34
회귀 메트릭　82
회귀 문제　35, 77
회귀 분석　116
회귀 함수　116
회귀/함수 근사　185
훈련　62
훈련 세트　35
히스토그램　68

A

ADALINE　172
ADALINE 알고리즘　175
affine　74
AI　31
Alexnet　219
Anaconda　285
Analytical approach　121, 122, 123
ANN　204, 242
Artificial Intelligence　31
Artificial Neural Network　204, 242
Autoencoders　72

B

backpropagation through time 244

batch 80

batch size 80

Bayesian probability theory 31

big data 64

bin 73

Blur 필터 212

BPTT 244

C

CDF 50

centroids 94

CHDAGE 데이터셋 165

Chebyshev distance 95

chess 거리 95

CNN 204

coefficients 212

completeness 87

convex 98

Convolutional neural networks 204

criteria 72

cumulative distribution function 50

D

DataFrame 39

dataset 63

deep learning 218

deep neural network 37

Discriminator 266

Dropout 204

E

elbow method 112

Electricity Load Diagrams Data Sets 252

epoch 80

ETL 64

Euclidean distance 95

Excel(read_excel) 68

Extraction, Transform, Load 64

F

F-측정 84

false negative 84

false positives 84

feature selectors 31

G

GAN 261, 262

Generative Adversarial Networks 261

Generator 265

GoogLenet 220

H

HDF5(read_hdf) 68

Homogeneity 87

I

Imagenet 219
IPython 39, 66
isotropic 98
iteration 79

J

JSON(read_json) 68
Jupyter 39

K

K-means 92
K-nearest neighbors 105
K-NN 105
K-NN 클러스터링 99
K-평균 92
Keras 37, 226
Kurtosis 53

L

LAD 192
LAE 192
Laplacian 212
Large Scale Visual Recognition Challenge
    219
least absolute deviations 192
least absolute errors 192
LeNet-5 네트워크 205

logistic layer 224
Logit 함수 159
LSTM 246
LSVRC 219

M

MAE 82
main criteria 105
Manhattan distance 95
manifold 36
Markov decision process 267
MATLAB 38
matplotlib 37
Matplotlib 라이브러리 38
mean 41
mean absolute error 82
mean squared error 82
metrics 49
minimization of inertia 96
MLP 180
MSE 82
multilayered 인공 신경망 204

N

negative 84
NumPy 37
NumPy 라이브러리 37

O

Object Oriented Programming 186
one hot encoding 73
OOP 186
outlier 97

P

padding 209
pairplot 134
pandas 37, 39, 65
PCA 72
pip 283
Plug and Play Generative Network 263
Pooling 204
positive 84
PPGN 263
Precision score 84
Principal Component Analysis 72
pseudo-random 153

Q

Q-러닝 270
Quiver 228

R

R 언어 36
raw material 30
recall 84

R (continued)

Rectified Linear Unit 190
recurrent neural networks 241
Reinforcement learning 34
ReLU 190
Residual Network 223
residuals 120
ResNet 223
RNN 242
RNNs 241

S

scatterplot 103
SciPy 39, 65
Seaborn 133
sigmoid 곡선 51
Single Layer Perceptron 218
Skewness 52
smoothness 36
Sobel 필터 212
softmax 회귀 163
stride 209
Supervised learning 33
SVM 205, 218

T

tanh 활성화 함수 80
TensorFlow 37
TensorFlow 메소드 165
test set 35
training set 35
Transfer learning 204

true positives 84

U

uniform distribution 48
Unsupervised learning 33

V

V–measure 87
V–측정 87
VGG 219
VGG 모델 220
Visual Geometry Group 219

에이콘출판의 기틀을 마련하신 故 정완재 선생님 (1935-2004)

개발자를 위한 머신 러닝

머신 러닝 시작이 막막한 개발자를 위한 안내서

발   행 | 2018년 10월 25일

지은이 | 로돌포 본닌
옮긴이 | 김 정 중

펴낸이 | 권 성 준
편집장 | 황 영 주
편   집 | 조 유 나
디자인 | 박 주 란

에이콘출판주식회사
서울특별시 양천구 국회대로 287 (목동)
전화 02-2653-7600, 팩스 02-2653-0433
www.acornpub.co.kr / editor@acornpub.co.kr

한국어판 ⓒ 에이콘출판주식회사, 2018, Printed in Korea.
ISBN 979-11-6175-218-1
ISBN 978-89-6077-210-6 (세트)
http://www.acornpub.co.kr/book/ml-developers

이 도서의 국립중앙도서관 출판시도서목록(CIP)은 서지정보유통지원시스템 홈페이지(http://seoji.nl.go.kr)와
국가자료공동목록시스템(http://www.nl.go.kr/kolisnet)에서 이용하실 수 있습니다.(CIP제어번호: CIP2018033132)

책값은 뒤표지에 있습니다.